Treasures for Scholars Worldwide

師顧堂叢書

蔣鵬翔 沈楠 主編

金澤文庫本

春秋經傳集解

襄公

五

〔晋〕杜預 注

广西师范大学出版社
GUANGXI NORMAL UNIVERSITY PRESS
·桂林·

左傳集解
十五

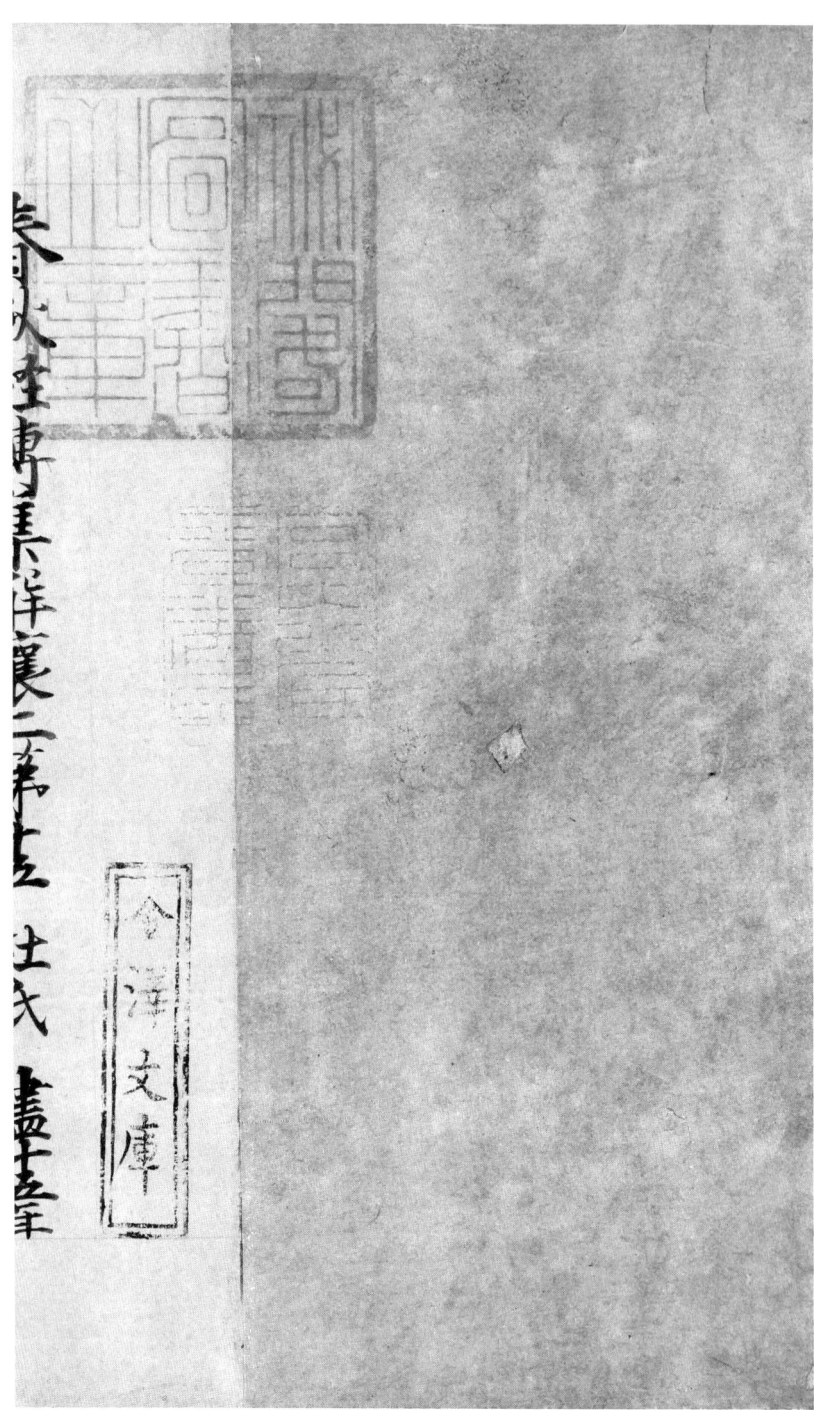

春秋經傳集解襄二第十五　杜氏　盡十五年

春秋經傳集解襄二第十五　杜氏　盡十二年

正廿一年下

經十年春公會晉侯宋公衛侯
曹伯莒子邾子滕子薛伯杞
伯小邾子齊世子光會吳于
柤吳子在柤晉以諸侯往會

偪徐甫目反又彼力反本或作逼

伯小邾子齊世子光會吳于
柤吳子在柤晉以諸侯往會之故曰會吳也吳不稱子
從所稱也柤楚地名也夏五月甲午遂
滅偪陽偪陽妘姓之國今彭城傅陽縣也因柤會
而滅之故曰遂也公至自會无傳楚公
子貞鄭公孫輒帥師伐宋晉

師伐秦荀罃不書不親兵也秋莒人伐
我東鄙公會晉侯宋公衛侯
曹伯莒子邾子齊世子光滕
子薛伯杞伯小邾子伐鄭齊世
子光先至於師為盟主所尊故在滕上也冬盜殺

王所尊故右驕上也

鄭公子騑公子發公子輒非國

討當兩稱名氏殺者非卿故

稱盜以盜爲文故不得言其

大夫戍鄭虎牢伐鄭諸侯皆

也　受晉命戍虎

牢不復爲吾命故獨楚公子

書曽戍而不叙諸侯也

貞帥師救鄭公至自伐鄭

亞傳

傳十年春會于柤會吳子壽夢也壽夢吳子乘也三月癸丑齊高厚相太子光以先會諸侯于鍾離不敬吳子至光從東道與東諸侯會遇也非本期地故不書會高厚高固子也癸丑月二十六日之也士

莊子曰高子相大子以會諸
侯將社稷是衛而皆不敬厚與
光俱不敬也
棄社稷也其將不免
乎為十九年齊殺高厚二十
五年弑其君光傳也
夏四月戊午會于相七經書春
書始行

也戊午月一日也晉荀偃士匄請伐
偪陽而封宋向戌焉以宋常事晉而
向戌有賢行故欲封之為附庸也荀罃曰城
小而固勝之不武弗勝為笑
固請丙寅圍之弗克丙寅四月九日

孟氏之臣秦堇父輦重如役
堇父孟獻子家臣也偪陽人
挽重車以從師也
啓門諸侯之士門焉見門開故攻之也
縣門發郰人紇抉之以出門
者門者諸侯之士在門內者
也紇郰邑大夫仲尼父叔

梁紇也郰邑魯縣東南莝城是也言紇抉舉縣門出在內者也狄虒彌建大車之輪而而蒙之以甲以為櫓狄虒彌魯人也蒙覆櫓大楯也左執之楯右拔戟以成一隊百人為隊也孟獻子曰詩

所謂有力如虎者也詩邶風也主
人縣布堇父登之及堞而絕
之偪陽人縣布以試外勇者也隊則又縣之
蘇而復上者三主人辭焉乃
退主人嘉其勇故辭謝不復縣布帶其斷以

徇於軍三日（帶其斷〻布以示勇也）諸侯之師久於偪陽荀偃士匄請於荀罃曰水潦將降懼不能歸（向夏恐有久〻雨也從丙〻寅至庚〻寅二十五日故曰久）也請班師（班還也）知〻伯怒（知伯荀罃）

也荀瑩

投之以机出於其間（出偃句之閒也）

曰女成二事而後告余（二事伐偪陽封向戌也）

余恐亂命以不女違（既成改之為亂命也）

女既勤君而興諸侯牽帥老夫以至于此既

無武守無武功可執守也而又欲易余
罪曰是實班師不然克矣謂偃
匄言尒也將余羸老也可重任乎不任
受此責也女七日不克必爾乎取之
言當取女以謝不克之罪也五月庚寅月四日也

謝不克之罪也　日也

荀偃士匄帥卒攻偪陽親受

矢石躬在矢石之間也甲午滅之月八

日也書曰遂滅偪陽言自會也

言其因會以滅國非之罪也以與向戌向

戌辭曰君若猶辱鎮撫宋國

[illegible]闕也[illegible]猶[illegible]鎮撫宋[illegible]
而以偪陽光啓寡君羣臣安
矣其何貺如之言見賜之厚無過此也
若專賜臣是臣興諸侯以自
封也其何罪大焉敢以死請
乃予宋公享晉侯於楚丘請

以桑林〔桑林殷天子之樂名也〕荀瑩辭〔辭讓之也〕荀偃士匄曰諸侯宋魯於是觀禮〔宋王者後魯以周公故皆用天子禮樂故可觀之也〕魯有禘樂賓祭用之〔禘三年大祭則作四代之樂也別祭羣公則用諸侯樂也〕

祭羣公則用諸侯樂也

宋以桑林享君不亦可乎言俱天子之樂也

舞師題以旌夏師樂師也

旌夏大旌也題識也以大旌表識其行列也

晉侯懼而退入于房旌夏非常卒見之人心偶有所畏也

去旌卒享而還及著雍

畏也

疾晉侯疾也著雍晉地卜桑林見祟見於卜兆也荀偃士匄欲奔請禱焉奔走還宋禱謝也荀罃不可曰我辭禮矣彼則以之以用也猶有鬼神於彼加之言自當加罪於宋也晉侯有間

彌於宋也
問疾以偪陽子歸獻于武宮
若也
謂之夷俘諱俘中國故謂之夷偪陽妘
姓也使周内史選其族嗣納
諸霍人禮也霍晉邑也内史掌爵祿廢置者
也使偪陽宗族賢者令居霍
奉妘姓之祀善其不滅姓故

霍人
先霍人
共依正義

奉妘之祀善其不滅姓故
曰禮也使周內史師歸孟獻
若示有王命也
子以秦堇父為右嘉其勇力也生秦
丕茲事仲尼言二父以力相
尚子事仲尼以
德相六月楚子囊鄭子耳伐
高也
宋師于訾毋宋地庚午圍宋門

秦堇父
秦丕茲

于桐門不成闈而攻其城門晉荀瑩伐
秦報其侵也侵在九年衛侯救宋
師于襄牛鄭子展曰必伐衛
不然是不與楚也得罪於晉
又得罪於楚國將若之何子駟

曰國病矣師數出疲病也子展曰得
罷於二大國必亡病不猶愈
於亡乎諸大夫皆以爲然故
鄭皇耳帥師侵衛楚令也亦兼
受楚之勑命也皇耳皇戌子也孫文子卜追

皇耳成爭也

之獻兆於定姜姜氏問繇直救反繇兆

辭曰兆如山陵有夫出征而

也喪息浪反下同其雄姜氏曰征者喪雄禦魚呂反

寇之利也大夫圖之衛人追

之孫蒯獲鄭皇耳于犬丘蒯孫

林父之子也秋七月楚子囊鄭子
耳侵我西鄙於魯西所恥諱而不書其義未聞也
還圍蕭八月丙寅克之蕭宋邑也
九月子耳侵宋北鄙孟獻
子曰鄭其有災乎師競已甚

競爭周循不堪競況鄭乎周謂
競也
天王有災其執政之三士乎
也
鄭簡公幼少子駟子國子耳
事政故知三士任其禍也為
下盜殺三
大夫傳
莒人間諸侯之有
事也故伐我東鄙諸侯有討
鄭之事也

寘之事也

諸侯伐鄭齊崔杼使大子光
先至于師故長於滕大子宣賓之以上卿
而令晉悼以一時之宜令在滕侯上故傳從而釋之也
己酉師于牛首鄭地初鄭子
駟與尉止有爭將禦諸侯之

師而黜其車傑牛首師也黜減損也尉止獲又與之爭獲囚俘也子駟抑尉止曰爾車非禮也言女車猶多過制也遂井使獻不使獻所獲也初子駟為田洫司氏堵氏侯氏子師

氏皆喪田焉洫田畔溝也子駟為田洫以正封疆而侵四族田也故五族聚羣不逞之人因公子之徒以作亂八年子駟所殺公子熙等之黨也於是子駟當國攝君事也子國為司馬子耳為

事也
司空子孔爲司徒冬十月戊
辰尉止司臣侯晉堵女父子
師僕帥賊以入晨攻執政于
西宮之朝殺子駟子國
子耳劫鄭伯以如北宮子孔

知之故不死子孔公子嘉也知難不告利得其處也為十九年殺公子嘉傳也書曰盜言無大夫焉尉止等五人皆士也大夫謂卿也子西聞盜不儆而出子西公孫夏子駟子也尸而追盜先臨尸而追賊也盜入

也而追賊也

於北宮乃歸授甲臣妾多逃

器用多喪子産聞盜子國之子也

爲門者置守門者也庀羣司具衆官也

閉府庫愼閉藏完守備成列

而後出兵車十七乘千二百七十五

經證又七 十五

人（也 十九）尸而攻盜於北宮子蟜帥
國人助之殺尉止子師僕盜
衆盡死侯晉奔晉堵女父司
臣尉翩司齊奔宋（尉翩尉止子 司齊司臣子）
空
子孔當國（代子駟也 十九）為載書以

子　駟也
位序聽政辟　自羣卿諸司各
守其職位以受
執政之法不　大夫諸司門子
得與朝政也
弗順將誅之　子孔欲誅
不順者也
子產
止之請爲之焚書　既止子孔
又勸令燒
除載書也
子孔不可曰爲書以定

書
國衆怒而焚之是衆為政也
國不亦難乎（難以至治也）子産曰
衆怒難犯專欲難成合二難
以安國危之道也不如焚書
以安衆子得所欲（欲為政也）衆亦

政也

淂安不亦可乎專欲無成犯衆興禍予必從之乃焚書於倉門之外衆而後定不於朝内燒書欲使遠近見所燒也諸侯之師城虎牢而戍之晉師城梧及制欲以偪鄭

見賢遍反

偪

也不書城魯不与也士魴魏絳

梧制皆鄭舊地也

戍之書曰戍鄭虎牢非鄭地

也言將歸焉二年晉城虎牢

而居之今鄭復扶又反

叛故脩其城而置戍鄭服則

欲以還鄭故夫子追書繫之

于鄭以見鄭及晉平楚子囊

晉志也

晉陸也

救鄭十一月諸侯之師還鄭

本亦作環戶關反徐音患注

而南至於陽陵還繞也陽陵鄭地也楚

師不退知武子欲退曰今我

逃楚〻必驕〻則可與戰矣

武子欒黶曰逃楚晉之恥也

荀瑩

城陽士作

皆㑹
合諸侯以益恥不如死我將
獨進師遂進己亥與楚師夾
潁而軍潁水出陽城至下蔡入淮也子蟜曰
諸侯既有成行必不戰矣言
成去之從之將退不從亦退
志也

志也

從猶服也退楚必圍我猶將退也

不如從楚亦以退之以退楚也宵

涉潁與楚人盟夜渡畏晉知之欒黶

欲伐鄭師伐涉潁者也荀罃不可

曰我實不能禦楚又不能庇

鄭人何罪不如致怨焉而還

致怨爲後令我伐其師楚必

伐之資也

救之戰而不克爲諸侯笑克

不可命

勝負難要不可命以必克也

不如

還也丁未諸侯之師還侵鄭

北鄙而歸[欲以致怨也]楚人亦還[鄭服故也]王叔陳生與伯輿爭政[二子王卿士也]王右伯輿[右助也]王叔陳生怒而出奔及河王復之[欲奔之晉也]殺史狡以說焉[說王叔也]

也

不入遂處處王叔河上也晉侯使士匄平王室王叔與伯輿訟曲直也王叔之宰宰家臣也與伯輿之大夫瑕禽瑕禽伯輿屬大夫也坐獄於王庭獄訟也周禮命夫命婦不躬坐獄訟故使宰為屬

獄坐訟故使宰與屬
大夫對爭
曲直也
士匄聽之王叔之
宰曰篳門閨竇之人而皆陵
其上其難為上矣
篳門柴門
閨竇小戶
穿壁為戶上銳下方狀如
圭也言伯輿微賤之家也
瑕
禽曰昔平王東遷吾七姓從

オ用反注ノ又如字

王牲用備具王賴之而賜之騂旄之盟平王徙時大臣從者有七姓伯輿之祖皆在其中主爲王備犧牲共祭祀王恃其用故與之盟使世守其職騂旄亦牛也舉騂旄者言得重盟不以犬雞

之曰世世無失職若篳門閨

賓其旅來東底乎且王何頼焉

言戎若貧賤何旅來東使王恃其用而與之盟邪底至也

今自王叔之相也政以賄成

隨財制政

而刑放於寵

寵臣專刑不任法也

官之師旅不勝其富

師旅之長皆受

賂也吾能無篳門閨竇乎言王叔之屬富故使吾貧也唯大國圖之圖猶議也下而無直則何謂正矣王者不失下之直也范宣子曰天子所右寡君亦右之所左亦左之宣子知伯

與直不欲自專故推之於王也使王叔氏與伯輿合要合要辭也王叔氏不能舉其契（苦計反）要契之辭也王叔奔晉不書不告也單靖公為卿士以相王室代王叔也

經十有一年春王正月作三軍增立中軍万二千五百人為軍夏四月四卜郊不從乃不郊無傳鄭公孫舍之帥師侵宋公會晉侯宋公衛侯曹伯齊世子光莒子

邾子滕子薛伯杞伯小邾子
伐鄭 世子光至復在莒子之先故晉悼亦進之也
秋七月己未同盟于亳城北
亳城鄭地伐鄭而書同盟鄭為盟可知也 公至自
伐鄭 無傳 楚子鄭伯伐宋公會

晉侯宋公衛侯曹伯齊世子光莒子邾子滕子薛伯杞伯小邾子伐鄭晉逐導光也會于蕭魚鄭服而諸侯會蕭魚鄭地也公至自會以會至者觀兵而不果侵伐也无傳楚人執鄭行

人良霄　冬秦人

良霄公孫輒子伯有也

伐晉

傳十一年春季武子將作三軍

魯本無中軍唯上下二軍皆屬於公有事三卿更帥以征伐季氏欲專其人民故

民人

假立中軍因以改作也

告叔

假立中軍因以改作也

孫穆子曰請為三軍各征其軍征賦稅也三家各征其軍之家屬也穆子曰政將及子子必不能政者霸國之政令也禮大國三軍魯次國而為大國之制貢賦必重故憂不能堪也武子固請之穆子曰然

也

則盟諸穆子知季氏將復變易故盟之也乃

盟諸僖閎僖宮之門也詛諸五父

之衢五父衢道名也在魯國東南詛以禍福之言相

要者也正月作三軍三分公室

而各有其一三分國民衆也三子各

乘繩證反注及下並同

毀其乘壊其軍乘分以足成三軍也將住反注文亦如字季氏

使其乘之人以其役邑入者

無征使軍乘之人率其邑役入季氏者無公征也

不入者倍征不入季氏者則使公家倍征之

設利病欲驅使入己也故昭

五年傳曰季氏盡征之民辟

五年傳曰季氏盡征之民辟信征故盡屬季氏也

孟氏使半為臣若子若弟取其子弟之半也四分其乘之人以三歸公而取其一也

叔孫氏使盡為臣盡取子弟以其父兄歸公也

不然不舍制軍分民不如是則三家不舍其故而改作也此蓋三家盟詛之本

改作也此盖三家盟詛之本

言之鄭人患晉楚之故諸大

夫曰不從晉國幾亡幾近楚

弱於晉人不吾疾也疾急也晉

疾楚將辟之何爲而使晉師

致死於我言當作何計也楚弗敢敵

而後可固與也子展曰
固與晉也
與衆為惡諸侯必至吾從之
盟楚師至吾又從之則晉怒
甚矣晉能驟來楚將不能吾
乃固與晉大夫說之使疆埸

之司惡於宋使守疆場之吏侵犯宋也宋
向戌侵鄭大獲子展曰師而
伐宋可矣若我伐宋諸侯之
師伐我必疾吾乃聽命焉且
告於楚〻師至吾又與之盟

而董賂晉師乃免言如此乃免於晉楚之難也夏鄭子展侵宋欲以致諸侯也四月諸侯伐鄭己亥齊大子光宋向戌先至于鄭門于東門傳釋齊大子光所以序莒上也向戌不加書宋公在會故

會故也

其暮晉荀瑩至于西郊東侵舊許

許之舊國鄭新邑也

衛孫林父侵其北鄙六月諸侯會于北林師于向

向北在潁川長社縣東北也

右還次于瑣

北行而西為右還熒陽宛陵縣

還素果反熒陽宛於阮反又於元反陵縣
西有瑣圍鄭觀兵于南門
侯亭
也西濟于濟隧子礼反濟隧水鄭人
音遂名也
懼乃行成秋七月同盟于亳
范宣子曰不愼必失諸侯愼敬
戚儀謹諸侯道敝而無成能
辟令也

注ー令也
無貳乎　數（所角反）伐鄭皆罷乃盟載ー
於道ー路也
書曰凡我同盟毋薀（紆粉反）年
薀ー積　手ー數（文先下皆ー）
而不毋壅（於勇反）利專山川毋保姦
分災之利也
藏罪ー毋留慝（他得反下ー）速去（起呂反）救災患恤
人也　惡也
好惡並如字或讀上呼報反
禍ー亂同好惡奬（將丈反）王室也　將助　或

呼報反　下烏路反　也　將丈反

間茲命司愼司盟名山名川

二司天神也　本或作盟誤

羣神羣祀　羣祀在祀典者也

先王先公　先王諸侯之大祖宋祖帝乙鄭祖厲王之比也　必利反　先公始封之君也

七姓十二國之祖

七姓晉魯衞鄭曹滕姬姓邾小邾曹姓宋

姓也邾小邾曹姓也宋
子姓也齊姜姓也莒己姓也
杞姒姓也薛任姓也實十三
國言十明神殛之殛誅俾失
二誤也　紀力反注同　也　本又作畀必尔反
其民隊命亡氏踣其國家
隧本作　直類反　蒲北反徐又敷豆反　斃婢世反
也楚子囊乞旅于秦乞師旅
於秦也
秦右大夫詹帥師從楚子將
之廉反

以伐鄭人伯逆之丙子伐宋

鄭逆服故更伐宋也秦師

不書不向伐宋而還也

九

月諸侯悉師以復伐鄭

此夏

諸侯

皆復来故

曰悉師也

鄭人使良霄大宰

石㚟如楚告將服于晉曰孤

以社稷之故不能懷君君若
能以玉帛綏晉不然則武震
以攝威之孤之願也楚人執
之書曰行人言使人也書行人言
非使人之罪也古者兵交使
在其間所以通命示整或執

不其間所以通命示整或執
殺之皆以爲譏也既成而後
告故書在蕭魚下石㚖爲介
故不
書也
諸侯之師觀兵于鄭東
門鄭人使王子伯駢行成甲
戌晉趙武入盟鄭伯冬十月
丁亥鄭子展出盟晉侯二盟
不書

不書

不告也十二月戊寅會于蕭魚

經書秋史失之也庚辰赦鄭囚皆禮

而歸之納斥候不相備也禁侵掠

晉侯使叔肸告于諸侯叔肸叔向也告諸侯亦使赦鄭囚也公使臧孫紇對

使報鄭囚也
曰凡我同盟小國有罪大國
致討苟有以藉手鮮不赦宥
寡君聞命矣　言晉討小國有
藉手之功則赦
其罪德義如是鄭人賂晉侯
不敢不承命也
以師悝師觸師蠲　悝觸蠲皆
樂師名也

樂師名也

廣車軘車淳十五乘甲兵備廣車軘車皆兵車名淳耦也凡兵車百乘他兵車及廣軘共百乘也歌鍾二肆肆列也縣鍾十六為一肆二肆三十二枚也及其鎛磬鎛磬皆樂器也女樂二八十六人也晉侯

如樂之應和也

器也　上人也

以樂之半賜魏絳曰子教寡

人和諸戎狄以正諸華在四年

八年之中九合諸侯如樂之

和無所不諧諧亦和也請與子樂

之共此樂辭曰夫和戎狄國之

福也八年之中九合諸侯
無憾君之靈也二三子之
勞也臣何力之有焉抑臣願
君安其樂而思其終也詩曰
樂旨君子殿天子之邦詩小雅也

只[?]

邪也

謂諸侯有樂美之德可以樂

以鎮撫天子之邦殿鎮也

只君子福祿攸同攸所便蕃

都遍反注及下ノ

文煩注ノ

左右是帥從便蕃數也言遠

所角反

人相帥來服從

便蕃然在夫樂以安德和其

左右也心也

義以處之處位以義禮以行之行教

令信以守之守所行也仁以厲之
也厲風而後可以殿邦國同福
俗
祿來遠人所謂樂也言五德皆備乃
為樂非但金石也書曰居安思危逸書
思則有備有備無患敢以此

規　規正公曰子之教敢不承命抑微子寡人無以待戎　待遇接納之也　不能濟河　渡河南服鄭也　夫賞國之典也藏在盟府　司盟之府有賞功之制　不可廢也子其受之魏

制

絆於是乎始有金石之樂禮也禮大夫有功則賜樂也秦庶長鮑庶長武帥師伐晉以救鄭庶長秦爵也不書救鄭已屬晉無所救也鮑先入晉地士魴禦之少秦師而弗設備

臭呂反後放此

壬午武濟自輔氏從輔氏與渡河也

鮀交伐晉師己丑秦晉戰于

櫟晉師敗績易秦故也不書敗績晉恥易秦而敗故不告也櫟晉地也

經十有二年春王二月莒人伐

我東鄙圍台琅耶費縣南有台亭季孫宿帥師救台遂入鄆鄆莒邑也夏晉侯使士魴來聘秋九月吳子乘卒五年會於戚公不與盟而赴以名也冬楚公子貞帥師侵宋公如晉

傳十二年春莒人伐我東鄙圍
台季武子救台遂入鄆乘勝入鄆
報見伐也取其鍾以爲公盤夏晉
士魴來聘且拜師謝前年伐鄭之師也
秋吳子壽夢卒壽夢吳子之號也臨

之……别也……加落反下ノ

於周廟禮也　周廟文王廟也周公出文王故魯立其廟呉始通故曰礼也

故礼又奉

凡諸侯之喪

異姓臨於外　於城外向其國也　同姓

向或作嚮許亮反

臨於宗廟　所出王之廟也　同宗於祖

廟　始封君之廟也　同族於禰廟　父廟也同

チノ　乃礼反

族……謂……高……祖

蔣將丈反　案富辰所稱邢在丨下今傳在凡上未知何者是也

人之廟也同
族謂高祖以下也是故魯為諸姬臨
於周廟諸姬同姓國也為邢凡蔣茅
胙祭臨於周公之廟即祖廟也六國
皆周公之支子別封為國共祖周公者也冬楚子
囊秦庶長無地伐宋師于楊

梁以報晉之取鄭也取鄭在前年梁國睢陽縣東有地名楊梁也靈王求后于齊〻侯問對於晏桓子〻〻對曰先王之禮辭有之天子求后於諸侯〻〻對曰夫婦

所主若而人不敢譽亦不敢毀故曰若而人
也妾婦之子若而人言非無適也
女而有姉妹及姑姉妹則曰
先守某公之遺女若而人齊
侯許昏王使陰里結之陰里周大

居大

夫也結戊也爲十二年公如

劉夏逆王后傳也也

晉朝且拜士魴之辱禮也士魴

聘在此年夏嫌君秦嬴歸于

臣不敵故曰禮之

楚秦景公妹爲楚楚司馬子

共王夫人也

庚聘于秦爲夫人寧禮也子庚

莊王子午也諸侯夫人父母
既没歸寧使卿故曰礼也
經十有三年春公至自晉夏取
邿邿小國也任城亢父縣有
邿亭傳例曰書取言易也
秋九月庚辰楚子審卒共王也成
二年大夫盟冬城防
于蜀之也

傳十三年春公至自晉孟獻子
書勞于廟禮也丨
書勳丨勞於策
也桓二年傳
曰公至自唐告於廟也凡公
行告於宗廟反行飮丨至舍爵
策勳焉禮也桓十六年傳文
曰公至自伐鄭以飮丨至之禮
也然則還告廟及飮丨至及書
勞三事偏行一丨禮則亦書至丨

故三事偏行一禮則亦書至
惡闕乃不書至也傳因獻子
之事以發明凡例釋例詳之
也
夏邿亂分爲三
國分爲三部志力各異也
師救邿遂取之
魯師也經不稱師不滿二千五百人傳通言之
凡書取言易也
不用師徒及用師徒而不勞雖國亦曰取也
用大

不勞。雖國亦曰取也。大

師焉曰滅。敵人距戰斬獲俘馘用力難重雖邑

亦曰滅也。弗地曰入。謂勝其國邑不有其地也。

荀罃士魴卒。晉侯蒐于緜上

以治兵。為將命軍帥也。必蒐而命之所以與衆共

使士匄將中軍。辭曰伯游長

伯游荀偃昔臣習於知伯是以佐
之非能賢也七年韓厥老知罃代將中軍士匄佐之匄今將讓故謂爾時之舉不以己賢也事見九年
也請從伯游荀偃將中軍代荀罃也
士匄佐之位如故也使韓起將

也　故也

上軍辭以趙武又使欒黶以武

位卑故不聽更命黶也辭曰臣不如韓

起〻〻願上趙武君其聽之

使趙武將上軍武自新軍超四等代荀偃

韓起佐之位如故也欒黶將下軍

故也
魏絳佐之黶亦如故絳自新軍佐超一等代士
魴也新軍無帥將佐皆遷晉侯無帥
難其人使其什吏率其卒乘
官屬以從於下軍禮也得慎擧之
禮也晉國之民是以大和諸侯

也

遂睦君子曰讓禮之主也范

宣子讓其下皆讓欒黶爲汰

弗敢違也晉國以平數世頼

之刑善也夫一人刑善

百姓休和可不務乎書曰一

人有慶兆民賴之其寧惟永其是之謂乎周書呂刑也一人天子也寧安也永長也義取上有好善之慶則下賴其福也周之興也其詩曰儀刑文王萬邦作孚詩大雅言文王善用法故能爲萬國所信孚信

故能爲萬國所信孚信

也言刑善也及其衰也其詩

曰大夫不均我從事獨賢詩

小雅刺幽王役使不均故使從事者怨恨稱己之勞以爲獨賢無讓心也

言不讓也世之治也

君子尚能而讓其下能者在位則下

貴尚而讓之也
小人農力以事其上
是以上下有禮而讒慝黜遠
由不爭也謂之懿德及其亂
也君子稱其功以加小人加陵
也君子在位者也
小人伐其技以馮

者也

君子馮亦陵也自稱其能為伐也是以上

下無禮亂虐並生由爭善也爭自善也謂之昏德國家之敝恒

必由之傳言晉之所以興也楚子疾告

大夫曰不穀不德少主社稷

其綺反　仗求反　詩照反

詩照文

生十年而喪先君未及習師

保之教訓而應受多福　謂爲

君也

是以不德而亡師于鄢　在

成十

六年

以辱社稷爲大夫憂其

弘多矣　弘大

也

若以大夫之靈

一本作歿ナ沒

也

獲保首領以沒於地唯是春

秋窀穸之事窀厚也穸夜也
厚夜猶長夜春

秋謂祭祀長夜謂葬埋也所以從先君於

禰廟者從先君代
為禰廟也請為靈若

厲欲受惡謚以歸先君也亂
而不損曰靈戮殺不辜曰

人而不損曰靈戮殺不辜曰
厲大夫擇焉莫對及五命乃
許秋楚共王卒子囊謀謚大
夫曰君有命矣子囊曰君命
以恭若之何毀之赫赫楚國
而君臨之撫有蠻夷奄征南

海以屬諸夏而知其過可不
謂共乎請謚之共大夫從之
傳言子囊之也善　呉侵楚養由基奔
命乎庚以師繼之子庚楚司馬養
叔曰呉乘我喪謂我不能師

也養叔養必易我而不戒戒備
由基也
也子爲三覆以待我覆伏我
請誘之子庚從之戰于庸浦
庸浦楚地
大敗吳師獲公子黨君
子以吳爲不弔不用天道相弔恤也詩

非弔恤也言

曰不弔吳天亂靡有定言不為昊天所恤則致罪也為明年會向傳也冬城防書事時也土功雖有常節通以事閒為時也於是將早城臧武仲請俟畢農事禮也鄭良霄大宰石㚟猶

在楚十一年楚人執之至今也石㚟言於
子囊曰先王卜征五年先征悉薦反五年
而卜吉凶也征謂巡守征行
而歲習其祥
祥習則行五年五卜皆同吉乃巡守也不
習則增修德而改卜不習謂卜不吉

卜不吉
也今楚實不競行人何罪不能
偕德與晉競也上鄭一卿以除其偪
一卿謂良霄也使睦而疾楚以固於
晉焉用之位不偪則大臣睦怨疾楚則事晉固
也使歸而廢其使行而見執於楚鄭又

於楚鄭文

遂堅事晉是鄭慶恐其君以

本見使之意也

疾其大夫而相牽引也不循

愈乎楚人歸之

經十有四年春王正月季孫宿

叔老會晉士匄齊人宋人衛

人鄭公孫蠆曹人莒人邾人
滕人薛人杞人小邾人會呉
于向　叔老聲伯子也晉使二
卿會晉敬事霸國晉人
自是輕魯幣而益敬其使故
叔老雖介亦列於會也齊崔
杼宋華閲衛北宮括在會惰
慢不攝故貶稱人蓋欲以督

慢不攝故貶稱人蓋欲以督
率諸侯將成霸功也吳來在
向諸侯會之故曰會吳向鄭
杞也
二月乙未朔日有食之無傳
夏四月叔孫豹會晉荀偃齊
人宋人衛北宮括鄭公孫蠆
曹人莒人邾人滕人薛人杞

人小邾人伐秦齊宋大夫不書義與向同也己未衛侯出奔齊諸侯之策書孫寗逐衛侯春秋以其自取奔亡之禍故諸侯失國者皆不書逐君之賊也不書名從告也莒人侵我東鄙無傳報入鄆也秋楚公子貞帥師

入軍也

伐呉冬季孫宿會晉士匄宋

華閲衛孫林父鄭公孫蠆莒

人邾人于戚

傳十四年春呉告敗于晉（前年爲楚所敗也）

會于向爲呉謀楚故也

務徐莫侯反又又亍如字
婁力侯反又式力俱反

也
謀爲吳
伐楚也
范宣子數吳之不德
也以退吳人吳伐楚喪故以爲不德數而遣
之卒不爲伐楚執莒公子務婁在會不書
非卿也以其通楚使故也莒貳於楚
故此年伐莒也將執戎子駒支駒支戎子

蓋戸臘反　尒雅曰日之苫

…書也…戎子

名范宣子親數諸朝行之所在亦設朝位也曰來姜戎氏昔秦人迫逐乃祖吾離于瓜州四嶽之後皆姜姓又別為允姓瓜州地在今燉煌也乃祖吾離被苫蓋蓋苫之別名也蒙荊棘以

來歸我先君（蒙冒也）我先君惠
公有不腆之田（腆厚也）與女剖
分而食之（中分為剖）今諸侯之事
我寡君不如昔者蓋言語漏
洩則職女之由（職主也）詰朝之

也

事爾無與焉詰朝明旦不使復得與會事也

與將執女對曰昔秦人負恃其衆貪于土地逐我諸戎惠公蠲其大德蠲明也謂我諸戎是四嶽之裔冑也四嶽堯時方伯也姜

方伯也姜
姓也裔遠
曰毋是翦棄翦削
也冑後也　也
賜我南鄙之田狐狸所居豺
狼所嗥我諸戎除翦其荊棘
驅其狐狸豺狼以爲先君不
侵不叛之臣至于今不貳

内

侵亦不外叛也晉文公與秦伐鄭秦
人竊與鄭盟而舍戍焉在僖三十
三年於是乎有殺之師在僖三十三年
也晉禦其上戎亢其下亢猶當也
秦師不復我諸戎實然譬如

捕鹿晉人角之諸戎掎之掎其
足也與晉踣之踣僵也戎何以不
免自是以來晉之百役與我
諸戎相繼于時言給晉役不曠時也以
從執政猶殽志也意常如殽亜中二也

豈敢離逷今官之師旅無乃
實有所闕以攜諸侯而罪我
諸戎我諸戎飲食衣服不與
華同贄幣不通言語不達何
惡之能為不與於會亦無瞢

瞢悶也賦青蠅而退青蠅詩小雅取其愷悌君子無信讒言也宣子辭焉辭謝也使即事於會成愷悌也成愷悌不信讒也不書者戎為晉屬不淂特達也於是子叔齊子為季武子介以會自是

晉人輕魯幣而益敬其使齊子叔老字也言晉敬魯使經所以並書二卿也吳子諸樊既除喪諸樊吳子乘之長子也乘卒至此春十七月既葬而除喪之也將立季札札諸樊少弟也季札辭曰曹宣公之卒

也

也諸侯與曹人不義曹君曹君

公子負芻也殺大子而自立事在成十三年也將立

子臧子臧去之遂弗爲也以

成曹君君子曰能守節君義

嗣也諸樊適子故曰義嗣也誰敢奸君

有國非吾節也札雖不才願
附於子臧以無失節固立之
棄其室而耕乃舍之傳言季札之讓
且明吴兄弟相傳也
夏諸侯之大夫從
晉侯伐秦以報櫟之役也
櫟 役

朝如字如淳字株

役在十一年晉侯干竟使六卿帥諸

侯之師以進言經所以不禰晉侯也及

涇不濟諸侯之師不肯渡也涇水出安定朝那縣

至京兆高陸縣入渭也叔向見叔孫穆

子穆子賦匏有苦葉詩邶風也義取

也義取
於深則厲淺則揭言已志在於必濟也叔向退
而具舟魯人莒人先濟鄭子
蟜見衛北宮懿子曰與人而
不固取惡莫甚焉若社稷何
懿子説二子見諸侯之師而

勸之濟涇而次傳言北宮括所以書於伐秦也秦人毒涇上流師人多死飲毒水故也鄭司馬子蟜帥鄭師以進師皆從之至于棫林棫林秦地也不獲成焉秦不服也荀偃令

位逼反徐于目反于於蒲反

也耑
服也耑
曰雞鳴而駕塞井夷竈示不反也耑
唯余馬首是瞻言進退從已也耑欒黶
曰晉國之命未是有也余馬
首欲東乃歸黶惡偃自專故棄之歸也耑下
軍從之左史謂魏莊子曰不

侍中行伯乎中行伯荀偃也莊子魏絳也左史晉大史也莊子曰夫子命從帥夫子謂荀偃也欒伯吾帥也吾將從之從帥所以待夫子以從命為待也欒黶下軍帥莊子為佐故曰吾帥也伯游曰吾

為佽故曰吾卽也

令賓過悔之何及多遺秦禽軍帥不和恐多為秦所禽獲也乃命大還晉人謂之遷延之役遷延却退也鍼曰此役也報櫟之敗也役文無功晉之恥也吾有二位

於戎路欒鍼欒黶弟也二位謂黶將下軍鍼為戎右敢不恥乎與士鞅馳秦師死焉士鞅反鞅士匄子也欒黶謂士匄曰余弟不欲往而子召之余弟死而子來是而子殺余

侈昌氏反本或作奓又尺氏反

之弟也并逐余亦将殺之士鞅奔秦欒黶汏侈誣逐士鞅也而女也於是齊崔杼宋華閲仲江會伐秦不書惰也臨事惰慢不脩也仲江宋公孫師之子也向之會亦如之衛北宮括

也
不書於向亦惰也書於伐秦攝
也能自攝整從鄭子蟜僕濟涇也秦伯問於
士鞅曰晉大夫其誰先亡對
曰其欒氏乎秦伯曰以其汏
乎對曰然欒黶汏虐已甚猶

可以免其在盈乎盈黶之
子也
秦伯曰何故對曰武子之德在
民如周人之思召公焉愛其
甘棠況其子乎武子欒書黶
之父也召公
奭聽訟舍於甘棠之下周人
思之不害其樹而作勿伐之

詩在召南也欒黶死盈之善未能
及人武子所施沒矣而黶之
怨實章將於是乎在秦伯以
為知言為之請於晉而復之
為傳二十一年晉滅欒氏張本也衛獻公戒

滅寧氏張本也

孫文子寧惠子食勑戒二子欲共宴食也皆服而朝服朝服待命於朝也日旰不召旰晏也而射鴻於囿二子從之從公於囿也不釋皮冠而與之言皮冠田獵之冠也既不釋冠又不與食也二

子怒孫文子如戚戚孫文子之邑孫
蒯入使孫蒯孫文子之子公飲之酒
使大師歌巧言之卒章巧言詩小
雅其卒章曰彼何人斯居河
之麋無拳無勇職為亂階戚
衛河上邑也公欲以喻文子
居河上而為亂大師掌樂大

夫大師辭師曹請為之辭為不
也
可師曹初公有嬖妾使師曹
樂人
誨之琴誨教也師曹鞭之公怒
鞭師曹三百故師曹欲歌之
以怒孫文子以報公使歌

之遂誦之恐孫蒯不解故也蒯懼告
文子文子曰君忌我矣弗先
必死欲先公作亂也并帑於戚帑子也
而入見蘧伯玉曰君之暴虐
子所知也大懼社稷之傾覆

将若之何伯玉蘧瑗也對曰君制
其國臣敢奸之奸猶犯也雖奸之
庸知愈乎言逐君更立未知當差否遂行
從近關出懼難作欲速出境也公使子
蟜子伯子皮與孫子盟于丘

宮孫子殺之三子衛羣公子疑孫子故盟之也丘宮近戚地也四月己未子展奔齊子展衛獻公弟公如鄄鄄衛地也使子行請於孫子孫子又殺之使往請和也子行羣公子也公出奔齊孫氏追

公子　也
之敗公徒于阿澤濟北東阿縣西南有
大澤鄄人執之公徒因敗散還故爲公之
也
執之初尹公佗學射於庾公
也　徒何反
七
差庾公差學射於公孫丁二
初佳反又徐初宜反
子追公二子佗與差也爲孫氏逐公也公孫

軥　其俱反徐又古豆反　說文ｌ云軛下曲者　服云車軛兩邊又馬頸者

爲衛ｌ所逐公也

丁御公　爲公御也　子魚曰射爲背　而本作　師不射爲戮射爲禮乎　食亦反下注除礼ｌ一字皆ｌ或ｌ讀ｌ而礼乎食

子魚庾公差　禮射不求中

射兩軥而還　軥車軛卷者　於革反　古權反起權反

尹公佗曰子爲師我則遠矣乃反之　也本作　于僞反

佗不從丁學故言遠始與公差俱退

（佗）始與公差俱還

悔而獨還　公孫丁授公轡而

射丁也

射之貫臂　貫佗臂也　子鮮從公　子鮮

公母弟也　及境公使祝宗告亡且

告無罪　告宗廟也　定姜曰無神何

告若有不可誣也　誣欺也定姜公適母

姜公適

也有罪若何告無舍大臣而

與小臣謀一罪也先君有冢

卿為師保而蔑之二罪也

釋皮冠余以巾櫛事先君而

之

暴妾使余三罪也告亡而已

弔于衛 本或作弔于衛侯、と衍字也

無吿無罪時姜在國故不公使渇吿無罪也

使厚成叔弔于衛曰寡君使

本或作郈成叔

瘠聞君不撫社稷而越在他

在亦又

境越遠也瘠厚成叔名也若之何不弔

以同盟之故使瘠敢私於執

事執事衛諸大夫也曰有君不弔弔恤
也有臣不敏敏達也君不赦宥
臣亦不帥職增淫發洩其若
之何衛人使大叔儀對大叔儀衛
大夫也曰群臣不佞得罪於寡

也

君不以即刑而悼棄之

以爲君憂君不忘先君之好

辱弔羣臣又重恤之重恤謂愍其不

達也

敢拜君命之辱重拜大貺

謝重恤之賜也

厚孫歸復命語臧武

之賜也

仲曰衛君其必歸乎有大叔

儀以守有母弟鱄以出

或撫其內或營其外能無歸

乎齊人以郲寄衛侯郲齊所滅郲國

也及其復也以郲糧歸言其貪也

右宰穀從而逃歸衛人將殺之穀衛大夫也以其從之者故欲殺之辭曰余不說初矣言初從君非說之不獲已耳余狐裘而羔袖言一身盡善唯少有惡喻己雖從君出其乃赦之衛人立公孫罪不多

剽　剽穆孫林父寗殖相之以
匹妙反一音遍遥反又音林父名反
息亮反
聽命於諸侯聽盟會之命衛侯在
郲臧紇如齊唁衛侯衛侯與
魚變反又音彥下唁字吊失國曰唁
之言虐退而告其人曰衛侯
其不得入矣其言糞土也亡
方問反

而不變何以復國武仲不書未爲卿也
乎展乎鮮聞之見臧紇與之
言道順道理也臧孫紇說謂其人
曰衛君必入夫二子者或輓
之或推之欲無入得爲二十六年衛

六年傳

侯歸
傳也

如字又他回反

師歸自伐秦晉侯舍新

方捨下及注

軍禮也成國不過半天子之

軍成國大國也周為六軍諸侯之

大者三軍可也於是知朔生

盈而死朔知罃之長子盈朔弟也盈生而朔死也

弟也盈生而朔死也

盈生六年而武子卒彘裘亦

幼皆未可立也新軍無帥故

舍之裘士ノ魴子也十三年荀罃士魴卒其子皆幼ノ未

任為卿故新ノ軍無帥遂舍之也師曠侍於晉

侯師曠晉樂大師子野也晉侯曰衛人

師子野也
出其君不亦甚乎對曰或者
其君實甚良君將賞善而刑
淫養民如子蓋之如天容之
如地民奉其君愛之如父母
仰之如日月敬之如神明畏

乏之祀　本或作之祀誤也

之如雷霆其可出乎夫君神
之主而民之望也若困民之
主匱神乏祀百姓絶望社稷
無主将安用之弗去何為天
生民而立之君使司牧之勿

使失性有君而爲之貳貳卿佐也使師保之勿使過度是故天子有公諸侯有卿卿置側室側室支子之官也大夫有貳宗貳宗宗子之副貳者也士有朋友庶人工商

者也
皁隷牧圉皆有親暱以相輔
佐也善則賞之賞謂宣揚也過則
匡之匡正也患則救之救其難也失
則革之革更也自王以下各有
父兄子弟以補察其政補其愆過

非 本作非如字本或作誹

察其得ー失也 史為書 謂大史君擧則書也 瞽

為詩 瞽盲ー者為詩以諷ー刺也 工誦箴ー諫

工樂ー人也箴ー諫之辭也 大夫規ー誨 規正諫ー誨

其君 士傳言 士卑不得徑達聞君過ー失傳ー告大夫

庶人謗 庶人不與政聞君過得誹ー謗也 商旅

或作誹　方沸反又甫味反

人……君……諷諫……也

于市　旅陳也陳其貨物以示時所貴尚也　百工

獻藝　獻其技藝以喻政事也　故夏書曰

遒人以木鐸徇於路　逸書遒人行人之官也木鐸木舌金鈴徇於路求歌謠之言也　官師

相規　官師大夫自相規正也　工執藝事

規正也

以諫所謂獻藝正月孟春於是乎有諫失常也有遒人徇路之事天之愛民甚矣豈其使一人肆於民上肆放也以從其淫而棄天地之性必不然矣傳善師曠能因問盡言也秋

臣聞盡言也

楚子為庸浦之役故（在前年也）子囊師于棠以伐吳吳人不出而還子囊殿（殿軍後也）以吳為不能而弗儆吳人自皐舟之隘要而擊之（皐舟吳險隘之道也）楚人不

能相救吳人敗之獲楚公子
宜穀傳言不備不可以師也王使劉定公
賜齊侯命將婚於齊故也定公劉夏位賤以能
而使之傳稱謚舉其終也曰昔伯舅大公
右我先王股肱周室師保萬

氏世胙大師以表東海胙報也表顯也謂封顯東海以報大師之功也王室之不壞緊伯舅是頼緊發聲也令余命女環環齊靈公名也茲率舅氏之典纂乃祖考無忝乃舊敬之哉

無廢朕命〔纂繼也因婚而加褒顯傳言王室不能命有切也〕

晉使問衛故於中行獻子〔問衛逐君當討獻子荀偃也〕對曰不如因而定之衛有君矣〔謂剽已立也〕伐之未可以得志而勤

諸侯史佚有言曰因重而撫之(重不可移就撫安之)仲虺有言曰亡者侮之亂者取之推亡固存國之道也(仲虺湯左相)君其定衛以待時乎(待其昏亂之時乃伐之)冬會于

戚謀定衛也定剽也范宣子假
羽毛於齊而弗歸齊人始貳
析羽爲旌王者游車之所建
也齊私有之因謂之羽毛宣
子聞而借觀之也楚子囊還自伐吳
卒將死遺言謂子庚必城郢

楚徙都郢未有城郭公子燮
公子儀因築城爲亂事未得訖
子囊欲訖而未暇
故遺言見意也
君子謂子
囊忠君薨不忘增其名
謂前年諡
君爲共也
將死不忘衛社稷可不
謂忠乎忠民之望也詩曰行

歸于周萬民所望忠也　詩小雅忠信為周言德行歸於忠信即為萬民所瞻望也毛

經十有五年春宋公使向戌来

聘二月己亥及向戌盟于劉

夏逆王后于齊　劉菜地夏名也天子

鄉書字劉夏非鄉故書名天
子无外所命則成故不言逆
女也夏齊侯伐我北鄙圍成公
救成至遇无傳遇魯地書至遇公畏齊不敢至
成也季孫宿叔孫豹帥師城成
郛備齊故夏城非例所譏也秋八月丁巳

非傳所言也

日有食之無傳八月無丁巳
丁巳七月一日也
邾人伐我南鄙冬十日月必
有誤也
有一月癸亥晉侯周卒四同
盟也
傳十五年春宋向戌來聘且尋
報二年豹之聘尋
十一年亳之盟也
盟見孟獻

十一年亳之盟也

子尤其室（尤責過也）曰子有令聞

而美其室非所望也對曰我

在晉吾兄爲之毀之重勞且

不敢閒（傳言獻子友于兄且不隱其實也）官

師從單靖公逆王后于齊卿

不行非禮也官師劉夏也天
子官師非卿也
劉夏獨過魯告婚故不書單
靖公天子不親婚使上卿逆
而公監之故曰
卿不行非禮也
楚公子午爲
令尹代子囊公子罷戎爲右尹
蔿子馮爲大司馬子馮叔敖從子也

公子櫜師爲右司馬公子成

爲左司馬屈到爲莫敖屈到屈蕩

子也公子追舒爲箴尹追舒莊王子子

南也屈蕩爲連尹養由基爲宮

廄尹以安靖國人君子謂楚

於是乎能官人〃〃國之急

也能官人則民無覦心　羊朱反徐亐兪　覦以

求　詩云嗟我懷人寘彼周行　之豉反下同　户郎反注及下皆同

能官人也　詩周南也寘置也

行列也周徧也　亐遍反　詩

人嗟歎言我思得賢人置之

徧於列位是后妃之志以官

徧於列位是后妃之志以官
人為王及公侯伯子男甸采
急也
衛大夫各居其列所謂周行
也言自王以下諸侯大夫各
任其職則是詩人周行之
志也甸采衛五服之名也天
子所居千里曰圻其外曰侯
服次曰甸服次曰男服次曰
采服次曰衛服五百里為一

采服次曰衛服五百里爲一

服不言侯男畧舉也

鄭尉氏司氏之亂

其餘盜在宋 亂在十年

鄭人以子

西伯有子產之故納賂于宋

三子之父皆為尉氏所殺也

以馬四十乘 繩證反下千ト

百六十匹也

與師茷 扶廢反又扶方伐

師慧 樂師也茷慧其

匹也　伐慧其

名　二月公孫黑為質焉　公孫黑子

也　司城子罕以堵女父尉翩

司齊與之良司臣而逸之　賢

放之　託諸季武子武子寘諸卞

之

子罕以司　鄭人醢之三人也

臣　詐季氏

臣謂季氏
三人堵女父尉翩司齊師慧過宋朝將
私焉私小便也其相曰朝也息亮反注及下皆同相師者也
慧曰無人焉相曰朝也何故
無人慧曰必無人焉若猶有
人豈以其千乘之相易以豉反輕也淫樂

之矇必無人焉故也千乘相
謂子產
等也言不爲子產殺三盜得
賂而歸之是重淫樂而輕國言
相也子罕聞之固請而歸之子
罕能
改過也夏齊侯圍成貳於晉故
也不畏霸主故
敢伐晉也於是乎城成

齊伐魯也
郛郛郭也秋邾人伐我南鄙亦貳於晉故也使告于晉々將為會以討邾莒十二年十四年莒人伐魯未之討也晉侯有疾乃止冬晉悼公卒遂不克會爲明年會湨梁傳也鄭公孫夏

如晉奔喪子蟜送葬夏子西也言諸侯畏晉故卿共葬也宋人或得玉獻諸子罕〻〻弗受獻玉者曰以示玉人玉人能治玉者也玉人以為寶也故敢獻之子罕曰我以不貪為寶爾以玉為寶若以

與我皆喪寶也不若人有其
寶稽首而告曰小人懷璧不
可以越鄉（言必爲盜所害也）納此以
請死也（請免死也）子罕寘諸其里
使玉人爲之攻之（攻治也）富而
後使復其所（賣玉得富也）十二月

鄭人奪堵狗之妻而歸諸范氏堵狗堵女父之族狗娶於晉范氏鄭人既誅女父畏狗因范氏而作亂故奪其妻歸范氏先絶之傳言鄭之有謀也

春秋卷第十五

經六千九百八十五字
注五千二百一十七字

弘安元年九月廿二日
以音博士俊隆眞人之
本書寫點校畢
從五位下行左近衛將監清原朝臣

本奧云
延慶二年八月十六日以秘本粗授合了
良醞令祐安
治承五年閏二月八日兩個授良業了

治承五年閏二月八日以秘授良業了
于時關東海内乱逆蜂起入道相國
旦以薨逝天下匈々羅廢寝心　在判
本奥云
嘉應二年六月廿六日家説授嫡男
少外史二千石手　大外記　在判
治承四年九月廿六日朝章見合家本
了于時落涙以狩辰　大外記　在判
壽永三年二月廿四日重受御説了
良業
建暦二年十月九日以家秘説授息
男仲宣了　國子助教　在判

男仲宣了　國子助教（花押）

承久三年八月廿三日授家説於仲宣

承元同天下有乱未及平定　[illegible]

建治二年九月廿六日窓雨之中

螢燈之下校點功了　此書者先年

課拙掌所書寫也

音儒清俊隆

弘安元年閏十月三日授申越後

左近大夫将監尊閤了　此書至

廿九巻奉授先畢了　此七巻先君

左近大夫將監[illegible]殿了　此書至
廿九卷奉授先畢此七卷先君
御時回祿炎孽重被書點之間
越卷有訓說之故也
音博士清原
嘉元三年七月十九日以家
說奉授越後守殿了

說奉授越後守殿了

直講清原

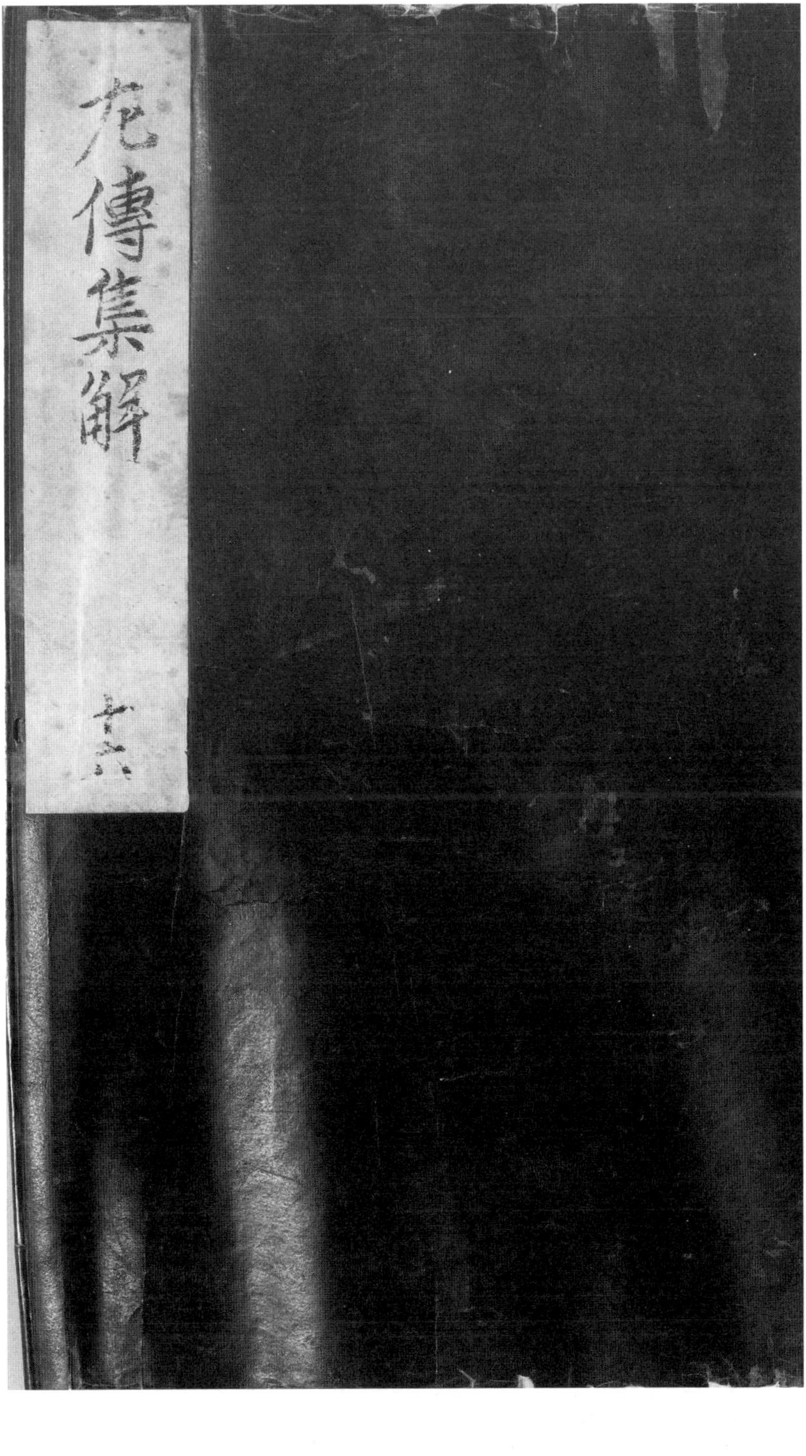
左傳集解
十六

春秋經傳集解襄三第十六　杜氏　盡三十二年

卮二十二中

春秋經傳集解襄三第十六　杜氏　盡二十二年

經十有六年春王正月葬晉悼公　踰月而葬速也　三月公會晉侯宋公衛侯鄭伯曹伯莒子邾子薛伯杞伯小邾

大夫不書高厚逃歸故也湨

伯曹伯莒子邾子薛伯杞伯小邾

子于溴梁［古闃反徐公壁反］不書高厚逃歸故也溴

水出河内軹［之氏反韋昭音枳］縣東南至

温入河戊寅大夫盟諸大夫本欲盟

高厚ゝゝ逃歸

故遂自共盟也雞澤會重［直用反］序諸侯

令此間無異事即上諸侯大夫可

知也晉人執莒子邾子以歸邾莒二

國數［所角反］侵

魯又無道於其民故稱人以

執也不以歸京師非礼也齊侯

無傳晉

執也不以歸京師非禮也

伐我北鄙無傳齊貳晉故夏公至自會無傳

五月甲子地震無傳叔老會鄭伯晉

荀偃衛甯殖宋人伐許荀偃主兵當序鄭上

叔老可以會鄭伯故荀偃在下秋齊侯伐我北

鄙圍郕大雩無傳書過冬叔孫豹如晉

傳十六年春葬晉悼公平公即位平

晉國成大事

傳十六年春葬晉悼公平公即位悼公子彪彼虬反羊舌肸許乙反為傅肸叔向也代士渥濁張君臣為中軍司馬張老子代其父也祁奚韓襄欒盈士鞅為公族大夫祁奚去中軍尉為公族大夫去劇職就閒官也韓襄無忌子之也虞丘書

代程鄭

間官也韓襄無忌子之也虞丘書

為乘馬御代程鄭也改服脩官烝于

既葬改喪服也脩官選賢能

曲沃也曲沃晉祖廟也烝冬祭也

諸侯五月而葬既葬卒哭作主然

後烝嘗於廟今晉踰月葬作主而

烝祭也傳言晉將有湨警守而下

梁之會故速葬之也

會于湨梁順河東行故曰下也命歸侵田諸侯相侵

取之

以我故執邾宣公莒犁比公

會于溴梁故曰下也命歸侵田相侵取之田也以我故執邾宣公莒犁比公犁比公莒子號也十二年十四年莒人侵魯前年邾人伐魯晉將為魯討之悼公卒不克會故平公終其事也且曰通齊楚之使邾莒在齊楚往來道中故并以此責之經書執在大夫盟下既盟而後告也晉侯與諸侯宴于溫使

歌古詩當

後吾也侯與諸侯宴于溫

諸大夫舞曰歌詩必類歌古詩當使各從義

類也齊高厚之詩不類齊有二心故也荀偃

怒且曰諸侯有異志矣使諸大夫

盟高厚〻〻逃歸齊為大國高厚若此知小國必

當有從従者也於是叔孫豹晉荀偃宋向

戌衛甯殖鄭公孫蠆小邾之大夫

従者也於是叔孫豹晉荀偃宋向
戌衛甯殖鄭公孫蠆小邾之大夫
盟曰同討不庭自曹以下大夫不書故傳舉小邾以
包之也許男請遷于晉許欲叛楚也諸侯
遂遷許許大夫不可晉人歸諸侯
雖以其師討許之不肯遷也鄭子蟜聞將伐許遂相
鄭伯以従諸侯之師鄭與許有宿

之不肯遷也 才元 子蟜 居表反 息亮反

鄭伯以從諸侯之師 鄭與許有宿怨故具君親

行也 才元 穆叔從公 從公歸也 才元 才用反又如字注同 齊子帥師會晉

荀偃書曰會鄭伯為夷故也 夷平

也春

秋於魯事所記不與外事同者容

主之言所以為文固當異也魯卿

每會公 諸 本卞 侯春秋無譏故於此不例

不先書主兵之荀偃而書後至之

鄭伯時皆諸侯大夫義

夏六月次

不先書至與之者偪而書後至之
鄭伯時皆諸侯大夫義
取皆卑故得會鄭伯之
夏六月次
于棫林庚寅伐許次于函氏
棫林
函氏
皆許
地也
晉荀偃欒黶帥師伐楚以報
宋揚梁之役
晉師獨進也揚
梁役在十二年
楚公
子格帥師及晉師戰于湛阪
襄城
昆陽
縣北有湛水
楚師敗績晉師遂侵

二杞伯…伯…戰于湛阪（古百反）（扶板反）昆陽（市林反徐丈林反一音直斬反）

縣北有湛水東入汝也　楚師敗績晉師遂侵

不書不告也　許未

方城之外復（扶又反）伐許而還

故伐曾還故　也　也

秋齊侯圍郕（成本作）　郕魯孟氏邑也　貳晉故伐魯邑也

孟孺（本作儒如住反）子速徼（本又作邀古堯反）之　孟獻子之子莊子速也　徼要（一遙反）也

齊侯曰是好（呼報反）勇去之以為之名速（遨本作）

…海陘魯隘（於懈反）

齊侯曰是好勇去之以爲之名速 邀本作 呼報反

遂塞海陘而還 亡利徐古文反 海陘魯隘 於懈反 冬穆叔

如晉聘且言齊故 言齊再伐魯也 晉人曰

以寡君之未禘祀 大計反 禘祀三年喪畢之吉祭也 與

民之未息 新伐許及楚也 不然不敢忘穆

叔曰以齊人之朝夕釋憾於敝邑 本亦作感戶暗反

叔曰以齊人之朝夕釋憾（本亦作感 戸暗反）於敝邑
之地是以大請敝邑之急朝不及
夕引領西望曰庶幾乎庶幾晉來救也比（必利反）
及執事之間恐無及也見中行獻（戸郎反）
子賦圻（其依反）父圻父詩小雅也周司馬掌封畿之兵甲故謂之
圻父詩人責圻父為王爪牙不脩
其職使百姓受困苦之憂而無所
止居
獻子曰偃知罪矣敢不從執

其職使百姓受困苦之憂而無所
止居也
獻子曰偃知罪矣敢不從執
事以同恤社稷而使魯及此憂也
見范宣子賦鴻鴈之卒章鴻鴈詩
小雅也卒章曰鴻鴈于飛哀鳴嗸嗸唯此
哲人謂我劬勞言魯憂困嗸嗸然
若鴻鴈之失所也
宣子曰匄在此
大曰鴻小曰鴈也
敢使魯無鳩乎
鳩集

大曰鴻小曰鴈也

敢使曾無鳩乎　鳩集　居牛反也

經十有七年春王二月庚午邾子牼　苦耕反又徐戶耕反

卒　無傳宣公　也四同盟　宋人伐陳夏衛石買

帥師伐曹　買石稷子也　秋齊侯伐我北

鄙圍桃高厚帥師伐我北鄙圍防

弁縣東南　無傳書

鄙圍桃（齊）高厚帥師伐我北鄙圍防
弁縣東南有桃虛（起居反）
九月大雩　無傳書過也
宋華（戶化反）臣出奔陳　暴亂宗室懼而出奔也　實以冬出書秋者以始作亂時來告也
冬邾人伐我南鄙

傳

十七年春宋莊朝伐陳獲司徒卬（五郎反）
（如丸人名字皆放此）
司徒卬陳大夫也
卑宋也　卑宋不設備也
衛孫蒯（苦怪反）

卑宋也　卑宋不設備也　衛孫蒯（苦怪反）田于曹隧　越竟而獵也孫蒯林父之子也　飲馬于重丘　重丘曹邑也　毀其瓶（步經反）重丘人閉門而詢（呼豆反）之　訽罵（馬嫁反）也　曰親逐而君爾父為厲　厲惡鬼林父逐君在十四年　是之不憂而何以田為　夏衛石買孫蒯伐曹取重丘　孫蒯不書　曹人愬于晉　為明年

以田為。夏，衛石買孫蒯伐曹，取重丘。孫蒯不書，非卿也。曹人愬于晉。為明年晉人執石買傳也。齊人以其未得志于我故。前年圍成，辟孟孺子也。秋，齊侯伐我北鄙，圍桃。高厚圍臧紇于防。防，臧紇邑也。師自陽關逆臧孫，至于旅松。陽關在泰山鉅平縣東。旅松，近防地也。魯師關逆臧孫至于旅松鉅平縣東旅松近防地也魯師畏齊不敢至防也郰叔紇臧疇臧賈帥甲三百宵犯齊師送之而復郰叔紇叔梁紇也臧疇臧紇之昆弟也三子與臧紇共在防故夜送臧紇於旅松而復還守防也齊師去之失臧紇啟也齊人獲臧堅堅臧紇之族也齊侯使夙沙

使無自

齊人獲臧堅之族也齊侯使夙沙
衛唁之且曰無死使無自殺也堅稽首
曰拜命之辱抑君之賜臣不終姑
又使其刑臣禮於士以杙抉其傷
而死言使賤人來唁已是惠賜不終也夙沙衛奄人故謂之刑
臣也
冬邾人伐我南鄙為齊故也齊未
得志於魯故

也[illegible]未
得志於魯故邾人助之也宋華閱卒華臣弱皐
比之室臣閱之弟也皐比閱之子也弱侵易之也使賊
殺其宰華吳賊六人以鈹殺諸盧
門合左師之後盧門宋城門也合向戌邑後屋後也
左師懼曰老夫無罪賊曰皐比私
有討於吳遂幽其妻幽吳曰畀

左師懼曰老夫無罪賊曰皐比私
有討於吳也遂幽其妻幽吳妻也曰畀
余而大璧畀與也宋公聞之曰臣也
不唯其宗室是暴大亂宋國之政
必逐之左師曰臣也亦卿也大臣
不順國之恥也不如蓋之乃舍之
為己短策苟過華臣之門必

不順國之恥也不如蓋之乃舍之

左師為己短策苟過華臣之門必

騁（勅領反也）惡之（烏路反華未注）十一月甲午國人逐瘈狗（徐居世反又吉制反字林作猘）

瘈狗入於華臣氏國人從之華臣（九世反又云狂犬也）

懼遂奔陳華臣心不自安見逐狗而驚走也宋皇

國父為大（太本作）宰為（于僞反）平公築臺妨（亡芳反）於農

周十一月今九……

國父爲大宰爲平公築臺妨於農

收周十一月今九月收ー斂時也 如ー又手ー又反 子罕請俟農功

之畢公弗許築者謳曰澤門之皙

實興我役 澤門宋東城南門也皇國父白ー皙而居近澤門

也 邑中之黔實慰我心 子罕黑ー邑而居邑中

也 子罕聞之親執扑 扑杖 以行築

邑

千僞反　烏侯反　皇暦反徐思益反　如字本或作皇門者誤也　徐古琴反古兵廉反黒也　普卜反也　下孟反

子罕聞之親執扑以行築

者而抶其不勉者曰吾儕小人皆

有闔廬以辟燥濕寒暑闔謂門戶閉塞也

令吾為一臺而不速成何以為役

役事也謳者乃止或問其故子罕曰

宋國區區而有詛有祝禍之本也

傳善子罕……晏嬰

宋國區〻而有詛有祝禍之本也

傳善子罕分謗也

齊晏桓子卒晏嬰父也

晏嬰麤縗斬斬不緝之也縗在胷前首絰帶麤三升布也

杖菅屨苴麻之有子者取其麤也杖竹杖菅屨草屨也

食鬻居倚廬寢苫枕草此礼與士喪礼略同其異唯枕草耳然枕由亦非喪服正文也

其老曰非大夫

〔…〕詩之所行士及大夫縗服

倚　於綺反廬　倚東牆而為之故曰倚廬

倚廬

之非喪服正文也

之禮也詩之所行士及大夫縗服

各有不同也晏子爲大夫

而行士禮其家臣

不解故譏之也曰唯卿爲大夫

晏子惡直己以斥時失禮

故遜辭略答家老也

經十有八年春白狄来不言朝不能

行朝禮也

夏晉人執衛行人石買石買即是

伐曹者宜

即懲治本罪而晉曰其爲行人大

晉人執衛行人石買 伐曹者買
即懲治本罪而晉曰其為行人 秋
之使執之故書行人以罪晉
齊師伐我北鄙 不書齊侯齊侯不入竟也 冬十
月公會晉侯宋公衛侯鄭伯曹伯
莒子邾子滕子薛伯杞伯小邾子
同圍齊 齊數行不義諸侯同心俱圍之也 曹伯負
無傳禮當與許

同心倶圍之也

鄭卒于師無傳礼當與許男同也三同盟楚公子午師師伐鄭

傳十八年春白狄始來白狄狄之別名也未嘗與魯接故曰始來也夏晉人執衛行人石買于長子執孫蒯于純留長子純留二縣今皆屬上黨郡孫蒯不書

于長子執孫蒯于純留二縣今皆
屬上黨郡孫蒯不書
為曹故也
又在位蒯非卿也
衛伐
曹也
秋齊侯伐我北鄙中行獻子
將伐齊夢與厲公訟弗勝
厲公獻
子所弒
者
公以戈擊之首隊於前跪而戴之
也
奉之
之以走見梗陽之巫皋
梗陽晉邑
在太原
揚戈
晉陽縣南巫皋

樓
之。以走見梗陽之巫皐古刀反也在太原
晉陽縣南巫皐他日見諸道與之
名也夢并見之
言同巫亦夢見獻子與厲公訟也巫曰今茲主
必死若有事於東方則可以逞
獻子有死徵故勸使快意伐齊也獻子許諾晉侯
伐齊將濟河獻子以朱絲繫玉二
瑴雙玉曰[illegible]

伐齊將濟河獻子以朱絲繫玉二
瑴雙玉曰瑴也而禱曰齊環怙恃其險
負其衆庶環齊靈公名也負依也棄好背盟
陵虐神主神主民也謂數伐魯殘民人也曽臣彪
將率諸侯以討焉彪晉平公名也稱臣者明上有
天子以讓吉神也曽臣猶末臣也其官臣偃實先
守官之臣也

魯臣猶未臣也

後之守官之臣也偃獻子名也苟捷有功無作

神羞羞恥也官臣偃無敢復濟偃信巫言

故以死自誓也唯爾有神裁之沈玉而濟

冬十月會于魯濟尋湨梁之言同

伐齊湨梁盟在十六年盟曰同討不庭也齊侯禦諸

平陰城

伐齊盟曰同討不庭也齊侯禦諸

塹 七豔反

平陰塹防門而守之廣里 平陰城在濟北盧縣東北其城南有防〻有門於門外作塹橫行廣一里故經書圍之也

夙沙衛曰不能戰莫如守險 謂防門不足為險也

弗聽諸侯之士門焉齊人多尸多死范宣子告析文子 析文子齊大夫子家

曰吾知子敢匿情乎

齊人多死范宣子告析文子〔子齊〕
大夫子家也曰吾知子敢匿情乎魯人
莒人皆請以車千乘自其鄉入既許
之矣若入君必失國子盍圖之子
家以告公公恐晏嬰聞之曰君固
無勇而又聞是弗能久矣〔不能久歎晉也〕
齊侯登巫山以望晉師〔巫山在盧〕

無勇而又聞是弗能久矣敵晉也
齊侯登巫山以望晉師巫山在盧縣東北也
晉人使司馬斥山澤之險雖所不至必旆而疏陳之斥候也疏建旌以爲陳示衆也
使乘車者左實右偽以旆先偽以衣物爲人形也旆先驅也
輿曳柴而從之揚塵齊侯見之畏其衆也乃脫

幟 申志反 一云赤志反

建旆以先驅也 才元 輿曳柴而從之 揚
塵 齊侯見之畏其衆也乃脫歸 脫
也 才元 旗本作 勑外反 不
張 其 丙寅晦齊師夜遁師曠告晉
幟 也 識本作 才元 徒困反
侯曰鳥烏之聲樂齊師其遁 烏 烏
立洛反 得空
營故 刑伯晉大夫
樂也 才元 邢伯告中行伯 邢侯也中行
伯 獻 日有班馬之聲 夜遁馬不相
子也 才元 見故鳴班別 彼列反
也 齊師其遁叔向告晉侯曰城上

子也夜遁馬不相見故鳴班別彼列反也

齊師其遁叔向告晉侯曰城上有烏齊師其遁十一月丁卯朔入平陰遂從齊師夙沙衛連大車以塞隧而殿隧道也　殿都練反下皆放此　此衛所欲守險也　殖綽郭最曰徐子會反子殿國師齊之辱也　奄人殿師故以為辱也　子姑先乎乃代之殿衛殺馬於隘

…以爲辱也

子姑先守乃代之殿衛殺馬於隘 於懈反

以塞道 欲使晉得之也 晉州綽

及之射 食亦反下注同 殖綽中 丁仲反 肩兩矢夾 古洽反或古協反也 脰 音豆 脰頸 居郢反

曰止將爲三軍獲不止將取其衷

不止彼欲射 兩矢中央也

顧曰爲私誓州綽曰

言必不殺女

…

丙戌中央也

有如日言必不殺女明如日也乃弛弓而自

後縛之反縛之也其右具丙州綽之右也亦

舍兵而縛郭最皆衿甲面縛也衿甲

不解甲也坐于中軍之鼓下晉人欲逐

歸者魯衛請攻險險固城守者也己卯荀

偃士匄以中軍克京茲在平陰一

歸者魯衛請攻險 守者也 己卯荀

偃士匄以中軍克京茲 在平陰城東南 乙

酉魏絳欒盈以下軍克邿 欒黶死其子盈

佐下軍平陰西有邿山 趙武韓起以上軍圍

盧弗克十二月戊戌及秦周伐雍

門之萩 秦周魯大夫也趙武及之共伐萩也雍門齊城門也

范鞅門于雍門其御追喙以戈殺犬

在裏

門之萩共伐萩也雍門齊城門也
范鞅門于雍門其御追喜以戈殺
犬于門中殺犬示間暇也孟莊子斬其橁
以爲公琴莊子孺子速也橁木名也己亥焚雍
門及西郭南郭劉難士弱率諸侯
之師焚申池之竹木二子晉大夫也壬寅焚
東郭北郭范鞅門于揚門齊西

之師焚申池之竹木（大夫也）壬寅焚

東郭北郭范鞅門于揚門（齊西門也）州

綽門于東閭（齊東門也）左驂迫還于東門

中以枚數闔（枚馬撾也闔門扇也）數其枚示不恐也

齊侯駕將走郵棠（郵棠齊邑也）大子與

郭榮扣馬（大子光也榮齊大夫也）曰師速而

（言欲略行其也）

晉大夫也　自

疾略也言欲略行其地無久攻意也將退矣君

何懼焉且社稷之主不可以輕之

則失衆君必待之將犯之大子柚

劍斷鞅乃止甲辰東侵及濰南及

沂濰水在東莞東北至北海都昌縣入海沂水出東莞蓋縣至下

邳入泗　欲專

懸入海沂水出東莞蓋懸至下邳入泗

鄭子孔欲去諸大夫欲專權也將叛晉而起楚師以去之使告子庚〻〻弗許子庚楚令尹楚子聞之公子午也使楊豚尹宜告子庚曰國人謂不穀主社稷而不出師死不從禮不能承先君之業死將不

穀主社稷而不出師死不從礼
承先君之業死将不得従先君之礼也不穀即位於
今五年師徒不出人其以不穀為
自逸而忘先君之業矣謂巳未嘗統師自出也
大夫圖之其若之何子庚歎曰
君王其謂午懐安乎吾以利社稷

君王其謂午懷安乎吾以利社稷
也見使者稽首而對曰諸侯方睦
於晉臣請嘗之嘗試其難易也若可君而繼
之若不可收師而退可以無害君
亦無辱子庚帥師治兵於汾襄城縣東
北有汾丘城於是鄭子蟜伯有子張從鄭伯
子張公孫

於是子蟜伯有子張從鄭伯
丘城
伐齊子張公孫黑肱也子孔子展子西守
二子知子孔之謀二子〻展子西也完守
入保完城郭内保守也子孔不敢會楚師
〻〻伐鄭次於魚陵魚陵魚齒山也在南陽犨
縣北鄭地也右師城上棘遂涉潁次干
旃然將涉潁故於水邊權築小城

地也

旃然將涉潁故於水邊權築小城以爲進退之備也旃然水出滎陽城皐縣東入汴也

蔿子馮公子格率銳師侵費滑胥靡獻于雍梁

胥靡獻于雍梁皆鄭邑也河南陽翟縣東北有雍氏城也

右回梅山

在滎陽密縣東北

侵鄭東北至于蟲牢而

反于東門于北門言于城下而還

密縣（本亡下）縣東北

侵鄭東北至于蟲牢而

反子庚門于純門信于城下而還

信再

宿也

涉於魚齒之下

魚齒山之下

有滍水故言

涉

甚雨及之楚師多凍役徒幾盡

晉人聞有楚師師曠曰不害吾驟

歌北風又歌南風南風不競歌者

吹律

以詠八風南風音微故曰不競也

歌北風又歌南風南風不競吹律
以詠八風南風音微故曰不競也
師曠唯歌南北風者聽晉楚之強
弱也多死聲楚必無功董叔曰天道
多在西北歲在豕韋月又建亥故曰多在西北也南
師不時必無功不時謂觸歲月也叔向曰
在其君之德也言天時地利不如人和也

不女人秋也

經十有九年春王正月諸侯盟于祝

柯 前年圍齊之諸侯也 祝柯縣今屬濟南郡 晉人執邾

子 稱人以執惡及民也 公至自伐齊 無 取邾

漷 好虢反 徐音郭 又虎伯反 字林口郭口獲二反

田自漷水 取邾田以漷水為界也 漷水出東海合鄉縣西

南經魯國至高平湖陸縣入泗也 季孫宿如晉葬

曹成公 無 夏衛孫林父帥師伐齊

湖陸縣入泗也　季孫宿如晉葬

曹成公　無傳　夏衛孫林父帥師伐齊

秋七月辛卯齊侯環卒　世子光三與魯同盟

也　晉士匄帥師侵齊至穀聞齊侯

卒乃還　詳錄所至及還者善得禮也

仲孫蔑卒　無傳　齊殺其大夫高厚鄭

仲孫蔑卒傳齊殺其大夫高厚鄭殺其大夫公子嘉冬葬齊靈公無傳城西郛魯西郭也芳夫反叔孫豹會晉士匄于柯魏郡内黄縣東北有柯城城武城泰山南武城縣也

傳十九年春諸侯還自沂上盟于督丁毒反揚曰大毋侵小督揚即祝柯也執邾悼公

揚曰大毋侵小祝柯也執邾悼公以其伐我故伐魯在十七年遂次于泗上疆我田正邾魯之界也泗水名也取邾田自漷水歸之于我邾田在漷水北今更以漷為界故曰取邾田也晉侯先歸公享晉六卿于蒲圃六卿過魯也賜之三命之服軍尉司馬

魯也　賜之三命之服軍尉司馬
司空輿尉候奄皆受一命之服
職遷之賜也
唯無先輅
賄荀偃束錦加璧乘
馬先吳壽夢之鼎
荀偃中軍元帥
故特賄之也五
匹為束四馬為乘壽夢吳子乘也
獻鼎於魯因以為名也古之獻物
必有以先今以
璧馬為鼎之先　荀偃癉疽生瘍於
癉疽惡[illegible]

釁馬爲鼎之先者傳荀偃癉疽（七徐反）生瘍（于羊）於

頭癉疽惡創（初良反）也濟河及著（張慮反又直慮反）雍（於用反）病目出大

夫先歸者皆反士匄請見（賢遍反）弗內請

後曰鄭甥可士匄中軍佐故問後也鄭甥荀吳其母鄭

女也之二月甲寅卒而視（如一徐市主反下ゝ）不可含（戶暗反本亦作唅口下内）目開

口噤（其蔭反）之也宣子盥而撫之曰事吳敢不

猶視大夫欒懷子曰其爲

之也宣子盥而撫之曰事吳敢不
如事主猶視大夫稱主欒懷子曰其爲于僞反下注〻懷同
未卒事於齊故也乎懷子欒盈也乃復扶又反
撫之曰主苟終所不嗣事于齊者
有如河乃瞑受含亡丁反一音亡千反猶謂以爲荀偃病而目出初死其目未合尸冷乃合非其有所知也傳因其異而記之耳嗣續宣子出曰
吾淺之爲丈丈本亦作大下并或本亦作丈下文夫也自恨以私待人晉欒魴
帥師從衛孫文子伐齊爲懷子之

吾淺之爲丈夫也私待人晉欒魴帥師從衛孫文子伐齊爲懷子之言敬也欒魴欒氏族也不書兵并林父不別告也經書彼從告也季武子如晉拜師謝討齊也晉侯享之范宣子爲政代荀偃將中軍也賦黍苗黍苗詩小雅也美召伯勞來諸侯如陰雨之澤黍苗也喻晉君憂勞魯國猶召伯也

苗也喩晉君憂勞魯國猶召伯也

季武子興再拜稽首曰小國之仰

大國也如百穀之仰膏雨焉若常

膏之其天下輯睦豈唯敝邑賦六

月六月尹吉甫佐天子征伐之詩

也以晉侯比吉甫出征以匡王

國也季武子以所得於齊之兵作林

鍾而銘魯功焉林鍾律名也鑄鍾

也季武子以所得於齊之兵作林
鍾而銘魯功焉林鍾律名也鑄鍾聲應林鍾因以為
名臧武仲謂季孫曰非礼也夫鍾
也銘天子令德天子銘德不銘功也諸侯言時
計功舉得時動有功則可銘也大夫稱伐銘其功伐
之勞也今稱伐則下等也從大夫故也計
功則借人也借晉言時則妨民多

也今稱伐則下等也故也計
功則借人也借晉力也言時則妨民多
矣何以為銘且夫大伐小也取其
所得以作彝器彝常也謂鍾鼎為宗廟之常器也
銘其功烈以示子孫昭明德而懲
無禮也今將借人之力以救其死
若之何銘之小國幸於大國以勝

無禮也令將借人之力以救其死若之何銘之小國幸於大國以勝大國為幸而昭所獲焉以怒之亡之道也也為城西郛武城傳也齊侯娶于魯曰顏懿姬無子其姪鬷聲姬生光以為大子兄子曰姪顏鬷皆二姬母姓因以為號也懿聲皆謚也諸子

者子者妾姓

鬷

曰以為號也懿皆諡也

子仲子戎子〻〻嬖諸子諸妾姓子者也二子皆宋女也

仲子生牙屬諸戎子之也屬託戎

子請以為大子許之齊侯許之也仲子

曰不可廢常不祥廢立嫡之常也間諸侯

難事難成也光之立也列於諸侯矣列諸

侯之今無故而廢之是專黜諸

薨（成也）光之立也列於諸侯矣（諸侯之會也）令無故而廢之是專黜諸侯（謂光已有諸侯之尊也）而以難犯不祥也君必悔之公曰在我而已遂東大子光（廢而徒之東鄙也）使高厚傅牙以為大子夙沙衛為少（詩照反下注公猶ヽ同）傅齊侯疾崔杼（直呂反）微逆

[illegible]（終言）

子夙沙衛爲少傅齊侯疾崔杼微逆
光疾病而立之光殺戎子（終言之也）尸
諸朝非禮也婦人無刑（無黥刖之刑也）雖
有刑不在朝市（謂犯死刑者猶不暴尸也）夏五
月壬辰晦齊靈公卒（經書七月辛卯光定位而
後之赴也）莊公即位（大子光也）執公子牙於

赴也　莊公即位　光也　執公子牙於
句瀆之丘以夙沙衛易己衛奔高
唐以叛　光謂衛教公易己也高唐在祝柯縣西北也　晉
士匄侵齊及穀聞喪而還禮也　禮之
常不必待
君命也
於四月丁未
於此年
四月也
鄭
公孫蠆卒赴於晉大夫范宣子言
於晉侯以其善於伐秦也　十四年

公孫蠆卒赴於晉大夫范宣子言於晉侯以其善於伐秦也十四年晉伐秦子蟜見諸侯師而勸之濟涇也六月晉侯請於王已追賜之大路使以行禮也大路天子所賜車之總名也以行葬禮也傳言大夫有功則賜服路也秋八月齊崔杼殺高厚於灑藍而兼

灑藍齊

八月齊崔杼殺高厚於灑藍而兼（色買反徐所綺反）其室（灑藍齊地也）書曰齊殺其大夫從君於昏也（傳解經不言崔杼殺而為國討文也）鄭子孔之為政也專（專權也）國人患之乃討西宮之難（乃旦反注及下同）（十年尉止等作難西宮子孔知而不言）與純門之師（前年子孔召楚子師至純門也）

也

也與純門之師師至純門也
孔當罪以其甲及子革子良氏之
甲守以自守也甲辰子展子西率國人
伐之殺子孔而分其室書曰鄭殺
其大夫專也亦以國討為文也子然子孔
宋子之子也子然子革父也士子孔圭嬀
宋子圭嬀皆鄭穆公妾

宋子之子也子革父也士子孔圭嬀（居危反）

之子也宋子圭嬀皆鄭穆公妾也士子孔子良父也圭

嬀之班亞（於嫁反）宋子而相親也亞次也士

子孔亦相親也僖之四年子然卒

鄭僖四年魯襄六年也簡之元年士子孔卒魯襄八年也

司徒孔實相（息亮反注同）子革子良之

室司徒孔與二子相三室如一言

年也司徒孔實相子革子良之室司徒孔與二子相親故相助其子也三室如一言同心也故及於難故二子并及難也子革子良出奔楚子革為右尹子革即鄭丹也鄭人使子展當國子西聽政立子產為卿簡公猶幼故大夫當國也齊慶封圍高唐弗

夙沙衛以叛

大夫當國也齊慶封圍高唐弗

克夙沙衛以叛故圍之也冬十一月齊侯圍

之見衛在城上號之乃下衛下與齊侯語

也問守備焉以無備告揖之乃登

齊侯以衛告誠揖而禮之欲生之

也衛志於戰死故不順齊侯之揖

而還登

城之也聞師將傳食高唐人殖綽

曰其會食也二

城之也聞師將傅食高唐人殖綽
工僂會夜縋納師因其會食也二子齊大夫也
醢衛于軍城西郛懼齊也前年與晉伐齊
又鑄其器為鍾故懼也齊及晉平盟于大隧
大隧地闕也故穆叔會范宣子于柯齊晉
平魯懼齊故為柯會以自固也
穆叔見叔向賦載
馳之四章四章曰控于大邦誰因

柯會以自固也穆叔見叔向賦載
馳之四章四章曰控于大邦誰因誰極控引也取其欲引
大國以自救助也叔向曰肸敢不承命叔向
度齊未肯以盟服故許救魯也穆叔歸曰齊猶未
也不可以不懼乃城武城衛石共
子卒石買也悼子不哀買之子石惡也孔成
子曰是謂蹷其本蹷猶必不有其

也　石惡也

子曰是謂蹷其本蹷猶拔也必不有其

宗為二十八年石惡出奔傳也

經二十年春王正月辛亥仲孫速會

莒人盟于向向莒邑也冬六月庚申公

會晉侯齊侯宋公衛侯鄭伯曹伯

會晉侯宋公衛侯鄭伯曹伯
莒子邾子滕子薛伯杞伯小邾子
汙烏憶俱反
盟于澶淵市然反 澶淵在頓丘縣南今名繁汙此衛地又近戚田
秋公至自會無傳
仲孫速帥師伐邾
蔡殺其大夫公子燮息協反 莊公子也
蔡公子履出奔楚 燮母弟也
陳侯之弟黃出奔
稱弟明

屈出奔楚弟也陳侯之弟黄出奔楚稱弟明無罪也叔老如齊冬十月丙辰朔日有食之無傳季孫宿如宋

傳

二十年春及莒平孟莊子會莒人盟于向督揚之盟故也莒數伐魯前年諸侯盟督揚以和解二國自復共盟結其好也夏盟于

要盟
自後共盟結其好也
澶淵齊成故也齊與晉平也邾人驟至
以諸侯之事弗能報也驟數也謂十五年十
七年伐魯也秋孟莊子伐邾以報之既盟
而又伐之非也蔡公子燮欲以蔡之晉背楚
也蔡人殺之公子履其母弟也故
與兄同

蔡人殺之公子履其母弟也故

出奔楚（與兄同謀故也）陳慶虎慶寅畏公

子黃之偪（二慶陳卿也黃偪奪其政也）愬諸楚

曰與蔡司馬同謀（同欲之晉也）楚人以

為討（討責陳也）公子黃出奔楚（奔楚自理也）

初蔡文侯欲事晉曰吾先君與於

踐土之（先君文侯父莊侯甲午

蔡之使吾事晉曰吾先君與於
踐土之盟先君文侯又莊侯甲午也踐土盟在僖二十八
年晉不可棄且兄弟也畏楚不能
行而卒宣十七年文侯卒也楚人使蔡無常
徵一發無準也公子燮求從先君以利蔡
不能而死書曰蔡殺其大夫公子
罪其違

不有所死書曰蔡殺其大夫公子燮言不與民同欲也罪其違衆也陳侯之弟黃出奔楚言非其罪也稱弟罪陳侯及二慶也公子黃將出奔呼於國曰慶氏無道求專陳國暴蔑其君而去其親五年不滅是無天也為二十三年陳殺二

言其親之害不顧是并天也十三年陳殺二慶傳也

齊子初聘于齊礼也齊魯有怨朝聘礼絶今始復通故故曰初繼好息民故曰礼也

冬季武子如宋報向戌之聘也向戌聘在十五年

褚師段逆之以受享段共公子ゝ石也逆以入國受享礼也

賦常棣之七章以卒武子賦也七章以卒盡八章取其妻子

享礼也
賦也七章以卒盡八章取其妻子
好合如鼓瑟琴宜爾室家樂爾妻帑
言二國好合宜其室
宋人重賄之
家相親如兄弟也
歸復命公享之賦魚麗之卒章
魚麗
詩小雅也卒章曰物其有矣
公賦
維其時矣喩聘宋得其時也
南山有臺
南山有臺詩小雅也取
其樂只君子邦家之基
邦家之光喩武子奉

其樂只君子邦家之基
邦家之光喻武子使能為國光暉也
武子去所曰
臣不堪也
去所辟席也
衛甯惠子疾召
悼子
悼子甯喜也
曰吾得罪於君悔而
無及也名藏在諸侯之策曰孫林
父甯殖出其君〻入則掩之
掩惡名也
若能掩之則吾子也若不能猶有

文甯殖出其君乃貶稱之名也
若能掩之則吾子也若不能猶有
鬼神吾有餒而已不來食矣餒餓也
悼子許諾惠子遂卒為二十六年衛侯歸傳也
經二十有一年春王正月公如晉邾
庶其以漆閭丘來奔二邑在高平南平陽縣
東北有漆鄉西北有顯閭亭以邑

庶其以漆閭丘來奔南平陽縣
東北有漆鄉西北有顯閭亭以邑
出爲叛適魯而言來奔内外之辭
之夏公至自晉傳無秋晉欒盈出奔
楚盈不能防閑其母以
取奔亡稱名罪之也九月庚戌
朔日有食之傳無冬十月庚辰朔日
有食之傳無曹伯來朝公會晉侯齊

有食之　傳曹伯來朝之會晉侯

侯宋公衛侯鄭伯曹伯莒子邾子

于商任　商任地闕也

傳二十一年春公如晉拜師及取邾

田也　謝十八年伐齊之師漷水之田也　邾庶其以

漆閭丘来奔　庶其邾大夫也　季武子以公

計公年不得有未嫁姑

[illegible]大夫也[illegible]
姑姊妻之計公年不得有未嫁姑姊蓋寡者二人之也
皆有賜於其從者於是魯多盜季
孫謂臧武仲曰子盍詰盜詰治也武
仲曰不可詰也紇又不能季孫曰
我有四封而詰其盜何故不可子
爲司寇將盜是務去若之何不能

我有四封而詰其盜何故不可
為司寇將盜是務去起呂反下注同若之何不能
武仲曰子召外盜而大礼焉何以
上吾盜吾謂國中也子為正卿而來外
盜使紇去之將何以能庶其竊邑
於邾以來子以姬氏妻之而與之
使食漆

於邾以來子以姬氏妻之而與之
邑（使食漆閭丘也）其從者皆有賜焉若大
盜礼焉以君之姑姊與其大邑其
次皁牧輿馬（給其賤役從皁至牧凡八等之人也）其
［在皁支凡八等之人謂皁輿隷僚僕臺圉牧也］
小者衣裳劍帶是賞盜也賞而去
之其或難焉紇也聞之在上位者

之其或難覓然也聞之在上位者
洒濯其心壹以待人軌度其信可
明徵也徵驗也而後可以治人夫上
之所為民之歸也上所不為而
民或為之是以加刑罰焉而莫敢
不懲若上之所為而民亦為之乃

不懲直升反若上之所為而民亦為之乃
其所也又可禁乎夏書曰念茲在
茲逸書也茲此也謂行此事當念使可施之於此之也釋茲
在茲釋除也謂欲有所治除於人亦當顧己得無亦有之也
名言茲在茲名此事言此事亦皆當令可施於此也
允出茲在茲允信也信出於此則善亦在此也惟
帝念功言帝念功將謂由己壹

…則善亦在山也

帝念功言帝念功則功成也將謂由己壹也

信由己壹而後功可念也言非年意念而已當須信己誠至也

庶其非卿也以地來雖

賤必書重地也重地故善其人ゝゝ書則惡名數以懲不義也

齊侯使慶佐為大夫慶佐崔杼黨也復扶又反

也
[illegible][illegible][illegible]慶佐爲大夫柝黨也復（扶又反）
討公子牙之黨執公子買于句瀆
之丘公子鉏（仕居反）來奔叔孫還奔燕子三
齊公族也言莊公行逐親戚以成
崔慶之勢終有自殺之禍也
夏楚子庚卒楚子使薳子馮爲令
尹訪於申叔豫叔豫叔時孫也叔豫曰國
[illegible]寵而[illegible]弱政教微而

治言於叔時孫也叔豫曰國

多寵而王弱弱政教微而貴臣強也國不可

爲也遂以疾辭方暑闕地下冰而

牀焉重繭衣裘鮮食而寢繭綿衣也楚

自龍反　古典反禮記云纊爲繭　息淺反少也下過并注

子使醫視之復曰瘠則甚矣瘠瘦也

而血氣未動言無疾也乃使子南爲令

尹子南公子追舒也爲二寵百子

而血氣未動疾也乃使子南爲令
尹子南公子追舒也爲二十二年殺追舒傳也欒栢子
娶於范宣子生懷子栢子欒黶也懷子盈也
范鞅以其亡也怨欒氏十四年欒黶彊逐范鞅使奔秦
故與欒盈爲公族大夫而不
相能也栢子卒欒祁與其老州賓
通欒祁栢子妻范宣子女盈

相能也（如一徐乃代反）桓子卒欒祁與其老州賓
通欒祁桓子妻范宣子女盈之母也范氏堯後祁姓也幾亡（其依反）
室矣言乱甚也懷子患之祁懼其討也
愬諸宣子曰盈將為亂以范氏為
死桓主而專政矣桓主欒黶也曰吾父
逐鞅也不怒而以寵報之謂宣子不為黶（千偽反下文五一同）
[illegible]

逐鞅也不怒而以寵報之不為黶
責怒鞅而反又與吾同官而專之
與鞅寵位也
同為公族大夫也
而鞅專其權勢也吾父死而益富
死吾父而專於國有死而已吾蔑
從之矣言宣子專政盈欲其謀如
以死作難也
是懼害於主吾不敢不言范鞅為
證其有

是懼害於主吾不敢不言范鞅
之徵證其有此也懷子好施士多歸之
宣子畏其多士也信之懷子為下
卿下軍佐也宣子使城著而遂逐之晉
邑在外易以逐也秋欒盈出奔楚宣子殺箕
遺黃淵嘉父司空靖邴豫董叔邴

遺黃淵嘉父司空靖邴豫董叔邴
師申書羊舌虎叔羆十子皆晉大夫也欒盈之黨也羊舌虎叔向弟也因伯華叔向籍偃籍偃上軍司馬也
人謂叔向曰子離於罪其為不知乎譏其受囚而不能去也叔向曰與
其死亡若何言雖囚何若於死亡也詩曰優
……詩小雅……言

案今小雅無此全語唯采菽詩云優哉

其死亡若何於死亡也詩曰
哉游哉聊以卒歲知也詩小雅言君子優游
於衰世所以辟害卒其壽是亦知也樂王鮒見叔向
曰吾爲子請叔向弗應出不拜樂王
鮒晉大夫其人皆咎叔向叔向曰
樂栢子也
必祁大夫祁大夫祁奚也食邑於祁曰以爲氏祁縣今屬
太原室老聞之曰樂王鮒言

此全語唯采叔詩云優哉游哉亦是戻矣

一對之一下注同一本作不應

太原

室老聞之曰樂王鮒言於君無不行其言皆得行也求赦吾子〻〻不許謂不應出不拜也祁大夫所不能也不能動君也而曰必由之何也叔向曰樂王鮒從君者也何能行祁大夫外舉不棄讎內舉不失親其獨遺我乎

魚[illegible]

不棄讎内舉不失親其獨遺我乎

詩曰有覺德行四國順之詩大雅言德行直則天下順之也

夫子覺者也覺較也正直也晉

侯問叔向之罪於樂王鮒對曰不

棄其親其有焉言叔向篤親必與叔虎同謀也

[illegible]

棄其親其有焉言與叔虎同謀也於是祁奚老矣老去公族大夫也聞之乘馹（人實反傳也）而見宣子曰詩曰惠我無疆子孫保之詩周頌也言文武有惠訓之德加於百姓故子孫保賴之書曰聖有謨（莫胡反）（如上書下訓）勳明徵定保逸書也謨謀也勳功也言聖哲有謀功者當明信定安之也夫謀而鮮過惠訓不倦者謀

謀功者當明信定安之也夫謀而鮮過惠訓不倦者叔向有焉謀鮮過有譽勲也惠訓不倦惠我无彊也社稷之固也猶將十世宥之以勸能者今壹不免其身壹以弟故也以棄社稷不亦惑乎鯀殛（古本反　紀力反）而禹興言不以父罪廢其子也伊尹放大甲而相之太甲湯孫

鯀殛而禹興　廢其子也

伊尹放太甲而相之卒無怨色　太甲湯孫也荒淫失度伊尹放之桐宮三年改悔而復之而無恨心言不以一怨妨大德也

管蔡為戮周公右王　言兄弟罪不相及也

若之何其以虎也棄社稷子為善誰敢不勉多殺何為宣子說與之乘以言諸公而免之　共載入見

[illegible]

乘以言諸公而免之共載入見不

見叔向而歸言為國非私叔向也叔向亦不

告免焉而朝不告謝之明不為己也初叔向

之母妬叔虎之母美而不使不使見叔

向父也其子皆諫其母〻〻曰深山

[illegible]

其子皆諫其母曰深山

也

大澤實生龍蛇言非常之地多生非常之物也彼

美余懼其生龍蛇以禍女女敝族

也敝衰壞也龍蛇喻奇怪也國多大寵六卿專權也

不仁人間之不亦難乎余何愛焉

使往視寢生叔虎美而有勇力欒

使往視寢生叔虎美而有勇力欒
懷子嬖之故羊舌氏之族及於難（乃旦反）
欒盈過於周〻西鄙掠之（掠音亮）（劫掠財物也）
辭於行人（王行人也）曰天子陪臣盈（諸侯之臣稱於天子曰陪臣）
得罪於王之守臣（守手又反注同）（范宣子為王所命故曰守臣）
將逃罪〻重於郊甸（重直用反注同）（甸徒練反）（重得罪於郊甸言為郊甸所）

故曰守臣[illegible]

重得罪於郊甸謂為郊甸所侵掠也郭外曰郊郊外曰甸無所

伏竄敢布其死也布陳也昔陪臣書

能輸力於王室王施惠焉輸力謂輔相晉

國以翼戴天子也其子黶不能保任其父

之勞大君若不棄書之力亡臣猶

有所逃大君謂若棄書之力而思

之勞大君若不棄書之力亡臣猶
有所逃大君謂天王也若棄書之力而思
黶之罪臣戮餘也罪戮之餘也將歸死
於尉氏尉氏討姦之官也不敢還矣敢布
四體唯大君命焉布四體言無所隱也王曰
尤而效之其又甚焉尤晉逐盈而自掠之是效

尤而效之其罪

戎下傚戸教反

自掠之是效

尤也

使司徒禁掠欒氏者歸所取焉

使候出諸轘轅

候送迎賓客之官也轘轅關在緱氏縣東南也

冬曹武公來朝始見也

即位三年始來見公也

會於商任錮欒氏也

禁錮欒盈使諸侯不得受也

齊侯衛侯不敬叔向曰

得受也（注）齊侯衛侯不敬叔向曰

二君者必不免會朝礼之經也礼

政之輿也（政須礼而行也）政身之守也（政存則身安也）

怠礼失政失政不立是以乱

也（為二十五年齊弒光二十六年衛弒剽傳也）知起中

行喜州綽邢蒯出奔齊（四子晉大夫也）皆

行喜州綽邢蒯出奔齊大夫也皆
欒氏之黨也樂王鮒謂范宣子曰
盍反州綽邢蒯勇士也宣子曰彼
欒氏之勇也余何獲焉言不為己用也王
鮒曰子為彼欒氏乃亦子之勇也
言子待之如欒氏亦為子用也齊莊公朝指殖綽

代亦為子用也[illegible]

郭最曰是寡人之雄也州綽曰君

以為雄誰敢不雄然臣不敏平陰

之役先二子鳴十八年晉伐齊及平陰州綽獲殖綽

郭最故自比於雞鬬勝而先鳴也莊公為勇爵設爵

位以命勇士也

殖綽郭最欲與焉自以為勇也

州綽曰東閭之役臣左驂迫還於門

勇士也殖綽郭最皆齊勇也
州綽曰東閭之役臣左驂迫還於
門中識其枚數識門板數也事在十八年其可
以與於此乎公曰子為晉君也對
曰臣為隸新言但為僕隸尚新耳然二子者
譬於禽獸臣食其肉而寢處其皮
言甞射食亦反

居於會與[illegible]

矣言肯射食亦反得之也

經二十有二年春王正月公至自會無傳夏四月秋七月辛酉叔老卒無傳子叔齊子也冬公會晉侯齊侯宋公衛侯鄭伯曹伯莒子邾子薛伯杞伯

侯鄭伯曹伯莒子邾子薛伯杞伯

小邾子于沙隨公至自會無傳楚殺

其大夫公子追舒書名者寵近小人貪而多馬爲國所患也

傳二十二年春臧武仲如晉公頻与晉侯外會今谷將罷還魯之守卿遣武仲爲公謝不敏故不書之也雨

過御叔御叔在其邑將飲酒

仲為公謀不敏故不書之也

過御叔〻〻在其邑將飲酒御叔魯御邑大夫也曰焉用聖人武仲多知時人謂之聖也我將飲酒而已雨行何以聖為穆叔聞之曰不可使也而傲使人言御叔不任使四方也國之蠹也令倍其賦古者家有國邑故以重賦為罰夏晉人徵朝

今案御叔蓋武仲之詞也

方也

國之蠹也（丁故反）令倍其賦 家有……國邑故以重賦為罰

傳言穆叔能用教也

夏晉人徵朝于鄭 召鄭使朝也

鄭人使少正（詩照反注及下同）公孫僑（其驕反）對 少正鄭卿官也公孫僑子產也

曰昔在晉先君悼公九年我寡君於是即位 魯襄公八年也

即位八月 即位年之八月也

而我先大

也即位八月八月也而我先大

夫子駟從寡君以朝于執事執事

不禮於寡君言朝執事諱不敢斥晉侯也寡君

懼因是行也我二年六月而朝于

楚曰朝晉不見禮生朝楚心也晉是以有戲之許宜反

役在九年楚人猶競而申禮於敝邑

行年　楚人猶競而申禮於敝

〻〻欲從執事而懼為大尤曰晉

供本

其謂我不共有礼是以不敢攜貳

六恭下同

於楚我四年三月先大夫子蟜又

從寡君以觀釁於楚　實朗言觀釁飾肆也言欲

許靳反

往覘楚知晉於是亍有蕭魚之役

可去否也

在十一年　謂我敝邑邇在晉國譬諸

可去否也

在十一年謂我敝邑邇在晉國譬諸草

木吾臭味也晉鄭同而何敢差池徐本作沱直知反一本徒河反注同 初宜反又初佳反一本七何反

差池不齊一也楚亦不競寡君盡其土實注同

土地所有也重之以宗器直用反宗廟禮樂之器鐘磬之屬

也以受齊盟齊同也遂帥羣臣隨于

執事以會歲終朝正貳於楚者

以受齊盟也　遂帥羣臣隨干
執事以會歲終　朝也　貳於楚者子
侯石盂歸而討之　石盂石溴梁之
之明年　溴梁在十六年　子蟜老矣公孫夏
從寡君以朝于君見於嘗酎　酒之
新熟　重者為酎嘗新飲
酒為嘗酎也　與執燔焉　助祭
燔祭肉也
……謂二十年

與執燔焉（又反 晴ウ反 燔祭肉也 才元）

湑為嘗酎也 才元

間二年聞君將靖東夏謂二十年澶淵盟也 才元

（間之間如字）

四月又朝以聽事期先澶淵二月往朝以聽會期之 才元

（志廉反）

也 才元

朝不朝之間無歲不聘無役不從

以大國政令之無常國家罷病不

虞荐至無日不惕豈敢忘職

（荐在薦反也）

（他歷反）

惕懼

虞薦至在薦反也無日不惕他歷反豈敢忘職

惕懼也大國若安定之其朝夕在庭

何辱命焉言自將往不須來召也若不恤其

患而以為口實口實但有其言而已之也其無

乃不堪任命而翦為仇讎翦削也謂

見剝削不堪命則成仇讎也敝邑是懼其敢忘

君命委諸執事執事實重圖之傳

則成仇讎也
君命委諸執事〻〻實重圖之　傳言
子產有辭所以免
秋欒盈自楚適
大國之討也
齊晏平仲言於齊侯曰商任之會
受命於晉　受錮欒氏之命也　今納欒氏將
安用之小所以事大信也失信不

安用之小所以事大信也失信不立君其圖之弗聽退告陳文子曰君人執信臣人執共恭本作忠信篤敬上下同之天之道也君自棄也弗能久矣為二十五年齊弑其君光傳也九月鄭公孫黑肱有疾歸邑于公黑肱子張也召室老宗人立段段子石黑

黑肱有疾歸邑于公張也召室
老宗人立段段子石黒肱子也而使黜官
薄祭黜官無多受職也祭以特羊殷以少
牢四時祀以一羊三年盛祭以羊豕殷盛也足以共祀
盡歸其餘邑曰吾聞之生於乱世
貴而能貧民無求焉可以後亡敬

貴而能貧民無求焉可以後亡敬

共事君與二三子生在敬戒不在

富也己巳伯張卒君子曰善戒詩

曰愼爾侯度用戒不虞鄭子張其

有焉詩大雅也侯維也義取愼法度戒未然也冬會于

沙隨復錮欒氏也晉知欒盈在齊故復錮也欒

盈猶在齊晏子曰禍將作矣齊將
伐晉不可以不懼（為明年齊伐晉傳也）楚
觀起有寵於令尹子南未益祿而
有馬數十乘（言子南偏寵觀起令冨也）楚人患
之王將討焉子南之子棄疾為王
御士王每見之必泣棄

之王將討焉子南之子棄疾爲王
御士（御王車者也）王每見之必泣棄疾
曰君三泣臣矣敢問誰之罪也
王曰令尹之不能爾所知也國將
討焉爾其居之（問能上事我否也）對曰父
戮子居君焉用之洩命重刑臣亦

[illegible]

不爲

漏泄君命罪之重者也

王遂殺子南於

愚案子謂子南也

朝轘觀起於四竟

轘車裂以徇也

子南之

臣謂棄疾請徙子尸於朝

欲犯命取殯之

也

曰君臣有禮唯二三子

不欲犯命移尸

也

三日棄疾請尸王許之既葬其

[illegible]行去[illegible]

弑本作

徒曰行乎行去也曰吾與殺吾父行

將焉入曰然則臣王乎曰棄父事

讎吾弗忍也於事是讎於實是君故雖謂讎而不敢報

之遂縊而死傳譏康王與人子謀殺其父失君臣之義

也復使薳子馮為令尹公子齮為

司馬屈建為莫敖屈建子木

復使薳子馮為令尹公子齮（五綺反）為

司馬屈（居勿反）建為莫敖（屈建子木也）有寵於

薳子者八人皆無祿而多馬他日

朝與申叔豫言弗應而退從之入

於人中（申叔辟薳子不欲與語也）又從之遂

歸退朝見（賢遍反）之（薳子就申叔家見之也）曰子三

歸退朝見之賢遍反家見之也曰子三
困我於朝吾懼不敢不見吾過子
姑告我何疵我也對曰吾不免是
懼何敢告子言恐與子并罪故不敢與子語也曰
何故對曰昔觀起有寵於子南
之之得罪觀起車裂何故不懼自御
[illegible]遠子惶意不[illegible]

得罪觀起車裂何故不懼自御
而歸不能當道遠子惶懼意不在御也至謂
八人者曰吾見申叔夫子所謂生
死而肉骨也已死復生白骨更肉也知我者
如夫子則可夫子謂申叔也如夫子謂以義匡己也
不然請止止不相知也辭八人者而後
辭遣

不敢言知也辭八人者而後
王安之辭遣之也十二月鄭游眅將歸
晉游眅公孫蠆子也未出竟遭逆妻者奪
之以館于邑舍止其邑不復行也丁巳其夫
攻子明殺之以其妻行十二月無丁巳十一
月十四子展廢良而立大叔良
日也游
眅子也大叔曰國卿君之貳也民之

日也
販子也大
日國卿君之貳也民之
叔販弟也
子
主也不可以苟請舍子明之類
明
有罪而良又
求亡妻者使復其所
不賢故也
主
使游氏勿怨
鄭國不討專殺之人
所以抑強扶弱臨時
之宜
也
曰無昭惡也
交怨則父之
不修益明也

春秋巻第十六

經六千四百四十九字

注四千五百一十一字

本奥云

文應元年九月十四日以家秘説

奉授越州使君尊閤了

直講清原在判

本奥云

本奧云

仁平三年閏十二月十六日夜刻以

或本正義勘合了　在御判

文永五年九月一日以家訖不更

本一様畢

本奧云

甲子之歲九月十一月廿日於燈

下讀畢

久壽二年六月廿日巳刻授合
或本畢　在清判
保延六年正月十九日辰刻重
合摺本畢
正嘉元年七月十三日書寫了
孔門貫首　在判

孔八一世貫首　在判

正嘉元年七月廿三日家君之

本燒失之間以頼尚古本乎

手書點之乎于時在花洛

之蓬屋

明經學生清原直隆

文永二年十二月二日以家之

在判

[illegible]直講

文永二年十二月廿六日以家説之

秘説奉授越州太守尊閤

了

朝請大夫清原（花押）

[illegible]

左傳集解
十七

春秋經傳集解襄四第十七　杜氏　盡二十五年

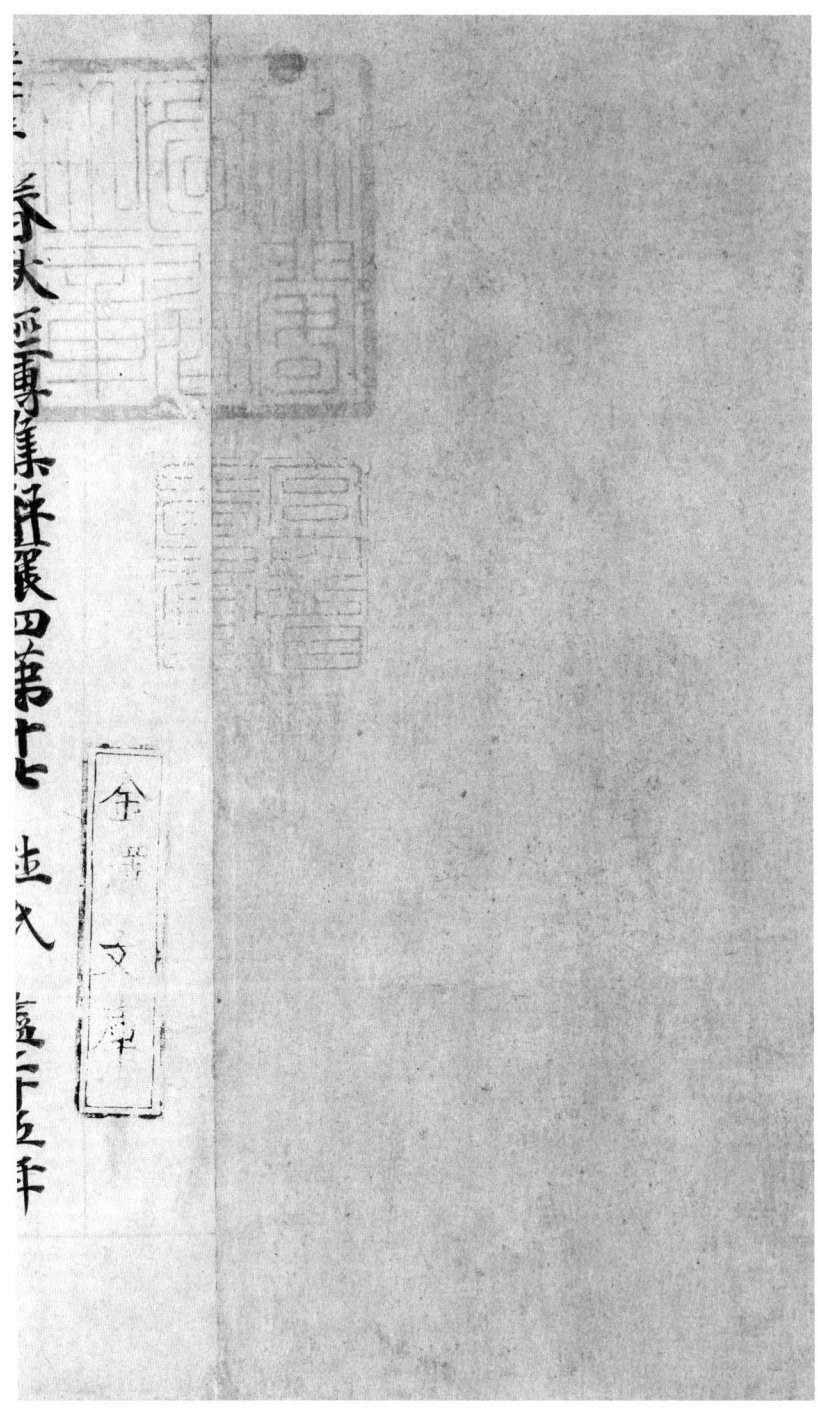

正二十三

春秋經傳集解襄四第十七　杜氏　盡二十五年

經二十有三年春王二月癸酉朔日

有食之　無傳　三月己巳杞伯匄（古害反）卒　五同

盟也　夓邾畀（必利反）我來奔　無傳畀我是庶其之黨同有竊

邑叛君之罪來奔故書也　葬杞孝公　無傳　陳殺其

来奔故書也

大夫慶虎及慶寅書名皆罪其專

國叛君也言及

史異辭無義例

陳侯之弟黄自楚歸于陳

諸侯納之曰歸黄至楚

自理得直故為楚所納

晉欒盈復

入于晉以惡入曰入

復入也

入于曲沃兵敗

奔曲

沃也據曲沃衆還與君爭非

欲出附他國故不言叛也

秋齊

侯伐衛遂伐晉兩事故

叛出附他國故不言叛也　秋
侯伐衛遂伐晉兩事故言遂也　八月叔孫
豹帥師救晉次于雍楡豹救晉待命于雍楡
故書次也雍楡晉地汲郡郡朝歌縣東有雍城也　己卯仲孫
速卒孟莊子也　冬十月乙亥臧孫紇出
奔邾書名者阿順季氏為之廢長立少以取奔亡罪之　晉
人殺欒盈　齊侯襲莒輕行掩其不

長以取奔士罷之

人殺欒盈晉侯襲莒輕行掩其不備曰襲曰伐晉還襲莒不言遂者閒有事

傳二十三年春杞孝公卒晉悼夫人喪之悼夫人晉平公母杞孝公姊妹也平公不徹樂非礼也徹去也起呂反礼為鄰國闕于偽反下注為君下而為注同礼諸侯絶朞故以鄰國責之[illegible]

…也也…國閒侯絶
朞故以鄰國責之也陳侯如楚公子黄愬
二慶於楚ゝ人召之二慶虎及寅也二十年二
慶譖黄ゝ奔楚自理令陳侯往楚乃信黄為召二慶也使慶
樂往殺之慶樂二慶之族也二慶畏誅故不敢自往也慶
氏以陳叛曰陳侯在楚而叛也之不書叛不以告也夏
…治…城…以

之不書叛不以告也

屈建從陳侯圍陳〻人城治城以非君也

屈建楚莫敖板隊而殺人役人相命也

各殺其長慶氏忿其板隊遂殺築故役人怒而作乱也

遂殺慶虎慶寅楚人納公子黃君

子謂慶氏不義不可肆也肆放也故

書……周書康誥也言

析 星歴反　切 先撃反　風俗通云 齊析歸父 文子

之討慶氏之義不可長也　也故

書曰惟命不于常　周書康誥也言有義則存無義

則晉將嫁女于吳齊侯使析歸父

媵之以藩載欒盈及其士　藩車之有障蔽者使若媵妾在其中

納諸曲沃　欒盈邑也　欒盈夜

見胥午而告之　胥午守曲沃大夫也　對曰不

可天之所廢誰能興之子必不免

沃大夫也

可天之所廢誰能興之子必不免

吾非愛死也知不集也（集成也）盈曰

雖然因子而死吾無悔矣我實不

天子無咎焉（言我雖不爲天所祐子無天咎故可因也）

許諾伏之而觴曲沃人（胥午匿盈而飲其衆）

許諾伏之而觴曲沃人而飲其衆
樂作午言曰今也得欒孺子何如
孺子欒盈對曰得主而為之死猶不死
也皆歎有泣者爵行又言皆曰得
主何貳之有盈之有盈出徧拜之
謝衆之恩已四月欒盈帥曲沃之甲因

思已

[illegible]

魏獻子以晝入絳獻子魏舒也絳晉國都也初

欒盈佐魏莊子於下軍莊子魏絳獻子之父

獻子私焉故因之私相親愛趙氏以

郤

原屛之難怨欒氏成八年莊姬譖之欒郤為徵也

薄經反　乃旦反

韓趙方睦韓起讓趙武故和睦中行氏以伐

秦之役怨欒氏十四年晉伐秦欒

……武故和睦中行氏以伐
秦之役怨欒氏十四年晉伐秦欒黶違荀偃命曰余
馬首欲東而固與范氏和親范宣子佐中行偃於
中軍知悼子少而聽於中行氏悼子知罃
之子荀盈也少年十七也知氏中行氏同祖故相聽從呴知也程
鄭嬖於公鄭亦荀氏宗也唯魏氏及七輿
大夫與之七輿……鮒侍坐於……

[illegible]氏宗也[illegible]

大夫與之七輿官名欒王鮒侍坐於范

宣子或告曰欒氏至矣宣子懼桓

子曰奉君以走固宮必無害也桓子

欒王鮒也且欒氏多怨子為政欒氏自

外子在位其利多矣既有利權又

[illegible]賞罰為[illegible]

冒絰以經冒其首也云縗冒經三者皆墨之

外子在位其利多矣既有利權又執民柄賞罰為民柄也將何懼焉欒氏所得其唯魏氏乎而可強取也其丈反下注同夫克亂在權子無懈矣佳賣反公有姻喪夫人有杞喪也王鮒使宣子墨縗冒絰直結反晉自殽戰還遂常墨縗也二婦人輦以如公恐欒氏有內應姬之故為婦人服奉公以如固宮

縗也二婦人輦女之内□姬之
故為婦人服奉公以如固宮固宮
而入也之
有臺觀范鞅逆魏舒用王鮒計欲
倫守者強取之也
則成列既乘將逆欒氏矣趨進曰
欒氏帥賊以入鞅之父與二三子
在君所矣二三子諸大夫使鞅逆吾子鞅
請驂乘驂乘必持跳

在君所矣諸大夫使鞅逆吾子鞅
請驂乘持帶驂乘必持帶備惰隊遂超乘踊上
鞅子車右撫劍左援帶勑之也命驅之
出僕請請所至也鞅曰之公宣子逆諸
階逆鞅子也執其手賂之以曲沃恐不与已
同心初斐豹隸也著於丹書蓋犯罪沒為官
奴以丹書

心

初斐豹隷也蓋犯罪沒為官奴以丹書其罪也

欒氏之力臣曰督戎國人懼之斐豹謂宣子曰苟焚丹書我殺督戎宣子喜曰而殺之所不請於君焚丹書者有如日言不負要明如日也

乃出豹而閉之閉著門外督戎從之

……豹為走踰廧隱……

上十字本作

也乃出豹而閉之門外督戎從之
踰隱而待之豹偽走踰牆隱居而待之隱短牆也督
戎踰入豹自後擊而殺之范氏之
徒在臺後公臺之後欒氏乘公門乘登也
宣子謂鞅曰矢及君屋死之鞅用
劍以帥卒用短劍一兵接戰敵欲致死欒氏退攝

上十字本作
下四字才作

劍以帥卒戰敵欲致死欒氏退攝
車從之鞅攝宣子戎車遇欒樂樂盈之族也曰
樂免之死將訟女於天言雖死猶不告女罪
樂射之不中又注注屬矢於弦也則乘槐
本而覆欒樂車轢槐而覆也或以戟鉤之斷
肘而死欒魴傷欒盈奔曲沃晉人
魴欒氏族

肘而死欒魴傷欒盈奔曲沃晉人
圍之魴欒氏族也秋齊侯伐衛遂伐晉
充驅穀榮御王孫揮召揚爲右申驅
前鋒軍也申驅成秩御莒恒申鮮虞之
子傅摯爲右申驅次前軍也傅摯申鮮虞之子也曹
開御戎晏父戎爲右公御右也貳廣上
貳廣公

開御戎晏父戎為右　右也　貳廣上古曠反注同

之登御邢公盧蒲癸為右　貳廣公副車也

啟牢魯刀反一本又作牢成御襄罷音皮徐音彼一音皮買反師狼蘧其居反疏為右　左翼

曰啟　胠起居反徐又音丘劫反起業反商子車御侯朝如字一音直遥反桓跳徒彫反為右　右翼

曰胠　大殿都練反注同商子游御夏戶雅反之御寇魚呂反崔如為右

為右　大殿後軍　燭庸之越駟乘繩證反　四人共乘殿車

也傳具載此言莊

[illegible]大後軍[illegible]乘殿車
也傳具載此言莊公廢舊臣任武力自衛將遂伐晉
晏平仲曰君恃勇力以伐盟主若
不濟國之福也不德而有功憂必
及君崔杼諫曰不可臣聞之小國
間大國之敗而毀焉必受其咎君
[illegible]

其圖之弗聽陳文子見崔武子文子
陳完之孫須無也
曰將如君何武
武子崔杼也之
子曰吾言於君〻弗聽也以為盟
主而利其難羣臣若急君於何有
言有急不能顧君欲
弑之以說晉也
子姑止之文

弑之以說晉也

子退告其人曰崔子其將死乎謂

君甚而又過之殺君之惡過於背盟主不得

其死過君以義猶自抑也況以惡

乎自抑損也齊侯遂伐晉取朝歌朝歌今屬汲郡

為二隊入孟門登太行二隊分兵為二部也孟門晉隘道也太

郡〔…〕門〔…〕門〔…〕兵為二
部也孟門晉隘道也太張武軍於
行山在河内郡北也
熒庭張武軍謂築壘戍郫邵取晉
壁也熒庭晉地邑而
守封少水封晉尸於少以報平陰
之水以為京觀以
之役乃還平陰役在趙勝帥東陽
十八年也
之師以追之獲晏氂趙勝趙旃之
子也東陽晉
之山東魏郡廣平以

之師以追之獲晏氂勝趙旃子也東陽晉之山東魏郡廣平以北晏氂齊大夫也八月叔孫豹帥師救晉次于雍榆禮也救盟主故曰禮也季武子無適子公彌長而愛悼子欲立之公彌公鉏悼子紇也訪於申豐曰彌與紇吾皆愛之欲擇才焉而立之申豐趨退歸盡室將行申豐季

彌與紇吾皆愛之欲擇才焉而立之申豐趨退歸盡室將行申豐季氏屬大夫也他日又訪焉對曰其然將具敝婢世反徐扶𢇁反車而行其然猶必爾也乃止止不立紇訪於臧紇臧紇曰飲於鳩反下皆同我酒吾為于偽反下注為定為立鉏同子立之季氏飲大夫酒臧紇為客為上賓也既獻已獻……酒

以飲大夫酒臧紇為客賓也既獻已獻酒也臧孫命北面重席新絜之酒樽既新復絜滌之也召悼子降逆之大夫皆起臧孫下逆悼子及旅而召公鉏獻酬礼畢而通行為旅也使與之齒使從庶子之礼列在悼子之下也季孫失色怨公鉏不從也季氏以公鉏為馬正家

不從也

馬正[馬正家司馬也]愠而不出閔子馬見之[閔子馬閔馬父]曰子無然禍福無門唯人所召為人子者患不孝不患無所[所位處也]敬共父命何常之有[言廢置在父無常位也]若能孝敬富倍季氏可也

父寵之

位也又寵之則可富若姦回不軌禍倍下民可
也禍甚於貧賤也公鉏然之敬共朝夕恪
居官次次舍也季孫喜使飲己酒而
以具往盡舍旃具饗燕之具也故公鉏氏
富又出為公左宰出季氏家臣仕於公孟孫
惡臧孫不相季孫愛之愛其成孟

臣仕於公

惡臧孫不相善也季孫愛之愛其成己志也孟

氏之御騶豐點好羯也羯孟莊子之庶子孺

子秩之弟孝伯也曰從余言必為孟孫為孟

孫後再三云羯從之孟莊子疾豐點

謂公鉏苟立羯請讎臧氏使孟氏與公鉏

共憎臧

謂公鉏若立羯請讎臧氏與公鉏
共憎臧
孫也
公鉏謂季孫曰孺子秩固
其所也固自
當立
若羯立則季氏信有
力於臧氏矣臧氏曰季孫之欲而
為定之猶為有力令
若専立孟氏之必則季
氏有力過於臧氏也
弗應己卯
孟孫卒公鉏奉羯立于戶側戶側
喪主

孟孫卒公鉏奉羯立于戶側喪主

季孫至入哭而出曰秩焉在於虔反公鉏

曰羯在此矣季孫曰孺子長公鉏

曰何長之有唯其才也季孫廢鉏立紇去欲

擇才故以此答之且夫子之命也遂誣孟孫遂

立羯秩奔邾臧孫入哭甚哀多涕

立羯秩奔邾臧孫入哭甚哀多涕

出其御曰孟孫之惡子也而哀如

是季孫若死子其若之何臧孫曰

季孫之愛我也疾疢也常志相順從身之害

也孟孫之惡我藥石也常志相違戾猶藥石

之療疾也美疢不如惡石夫石猶生我

愈已

疢也愈已疢也

美疢不如惡石夫石猶生我

疢之美其毒滋多孟孫死吾

亡無日矣孟氏閉門告於季孫曰

臧氏將為乱不使我葬欲為ム鉏雛臧氏也

季孫不信臧孫聞之戒戒為備也冬十

除

一月孟氏將辟藉除於臧氏辟穿藏也

於臧氏昔

藏也

於臧氏借人除葬道也臧孫使正夫助之正夫

隧正除於東門甲從己而視之畏孟氏故

從甲士視作者孟氏又告季孫季孫怒命

攻臧氏見其有甲故也乙亥臧紇斬鹿門

之關以出奔邾魯南城東門也初臧宣叔

鑄國濟北

東門也

娶于鑄生賈及為而死鑄國濟北蛇丘縣所

治也繼室以其姪女子謂兄弟之子為姪也穆姜

之姨子也姪穆姜姨母之子也與穆姜為姨昆弟也生

紇長於公宮姜氏愛之故立之立為

宣叔嗣也臧賈臧為出在鑄還舅氏也臧武

仲自邾使告臧賈且致大

大蔡龜名也言龜出蔡地因以為名

嗣也　[illegible]

仲自邾使告臧賈且致大蔡焉大蔡大龜也曰紇不佞失守宗祧遠祖廟為祧也敢告不弔不為天所弔恤紇之罪不及不祀言應有後也子以大蔡納請其可也請為先人立後請也為于偽反下為己請自為請為其先人下文遂自為也皆同賈曰是家之禍也非子

[illegible]

立後請也……

之過也賈聞命矣再拜受龜使為

以納請賈使為已請也遂自為也為自為請

臧孫如防防臧孫邑使來告曰紇非能

害也知不足也言使甲從已但慮事淺耳也非

敢私請為其先人請也苟守先祀無廢二

……二勳文……據邑請後故

敢私請人請也若守先祀無廢二

勳　二勳文仲宣叔　敢不辟邑　據邑請後故以為要

若乃立臧爲臧紇致防而奔齊其

人曰其盟我乎　謂陳其罪惡盟諸大夫以爲戒也

臧孫曰無辭　廢長立少季孫之所忌故謂無乱以罪己

也　將盟臧氏季孫召外史掌惡臣

而問盟首焉　惡臣諸奔亡者也盟

將盟臧氏季孫召外史掌惡臣
而問盟首焉　惡臣諸奔亡者也盟首載書之章首也
對曰盟東門氏也曰毋或如東門
遂不聽公命殺適立庶　文公命立子惡公子
遂殺之立宣公也　盟叔孫氏也曰毋或如
叔孫僑如欲廢國常蕩覆公室　謂諸

[illegible] 芳服反 諸

公與季孟於晉也 季孫曰臧孫之罪皆不及此孟椒曰盍以其犯門斬關季孫用之乃盟臧氏曰無或如臧孫紇干國之紀犯門斬關 干犯也 臧孫聞之曰國有人焉誰居其孟椒乎

孟椒孟獻子之孫子[illegible]

陪臣曰國不人聽言…二臣柏…

孟椒孟獻子之孫子 晉人克欒盈

服惠伯也居猶與也

于曲沃盡殺欒氏之族黨欒魴出

奔宋書曰晉人殺欒盈不言大夫

言自外也 自外犯君而入非復晉大夫也 齊侯還

自晉不入 不入國也 遂襲莒門于且于

且于…

□之大國也遂襲莒門于且
且于莒邑傷股而退齊侯傷也明日將復戰
期于壽舒壽舒莒地杞殖華還載甲夜
入且于之隧宿於莒郊二子齊大夫也且于
隧狹路也明日先遇莒子於蒲侯氏蒲侯
氏近莒之邑也莒子重賂之使無死曰請
□□欲以盟要二子□□□□

之邑也

有盟欲以盟要二子充致死戰也華周對曰貪

貨棄命亦君所惡也華周即華還也昏而

受命日未中而棄之何以事君莒

子親鼓之従而伐之獲杞梁杞梁即杞殖也

莒人行成勝大國益懼故行成也齊侯歸

梁戰死妻

也
莒人行成故行成也齊侯歸
遇杞梁之妻於郊梁戰死妻行迎喪也使弔
之辭曰殖之有罪何辱命焉言若有罪
不足弔也若免於罪猶有先人之敝廬弊古本
在下妾不得與郊弔婦人無外事故下猶賤也
齊侯歸弔諸其室傳善婦人有禮齊侯將
與之

[illegible]人有[illegible]

為臧紇田與之田邑臧孫聞之見齊侯

與之言伐晉齊侯自道伐晉之功臧孫聞之對曰

多則多矣抑君似鼠夫鼠晝伏夜

動不穴於寢廟畏人故也今君聞

晉之亂而後作焉作起兵也寧將事之

[illegible]臧孫知齊侯

晉之亂而後作焉兵也寧將事之
非鼠何如乃弗與田臧孫知齊侯將敗不欲受
其邑故以比鼠欲使怒而止也
仲尼曰知之難也
有臧武仲之知謂能辟齊禍也而不容於
魯國抑有由也作不順而施不恕
也夏書曰念茲在茲逸書也念此事也在
比身言行事當常

此事也在

身言行事當常念如在己身也　順事恕施也

經二十有四年春叔孫豹如晉賀克欒氏

仲孫羯帥師侵齊夏楚伐呉秋七

月甲子朔日有食之既傳齊崔杼

帥師伐莒大水傳八月癸巳朔日

[illegible]

有食之　傳無　公會晉侯宋公衛侯鄭
伯曹伯莒子邾子滕子薛伯杞伯
小邾子于夷儀冬楚子蔡侯陳侯
許男伐鄭公至自會　傳無　陳鍼宜咎
出奔楚　陳鍼桓子八世孫也慶氏之黨書名惡之也　叔
孫豹如京師大饑　無

黨氏之黨書名惡之也
孫豹如京師大饑　傳
傳二十四年春穆叔如晉范宣子逆
之問焉曰古人有言曰死而不朽
何謂也穆叔未對宣子曰昔匄之
祖自虞以上為陶唐氏　陶唐堯所治地也大
原晉陽縣也終虞之世以

祁自虞以[illegible]治地也大
原晉陽縣也終虞之世以
為號故曰自虞以上也在夏為
御龍氏謂劉累也事見昭二十九年也在商為豕
韋氏豕韋國名也東郡白馬縣東南有韋城也在周為
唐杜氏唐杜二國名也殷末豕韋國於唐周成王滅唐遷之
於杜為杜伯杜伯之子隰叔奔晉
四世及士會食邑於范復為范氏
杜今京兆晉主夏盟為范氏其是

四世及士會食邑於范復為范氏杜今京兆杜縣也晉主夏盟為范氏其是之謂乎晉為諸夏盟主范氏復為之佐言已世為興家也穆叔曰以豹所聞此之謂世祿非不朽也魯有先大夫曰臧文仲既沒其言立於世立謂不廢絕也其是之謂乎豹聞之大上有立德黃帝其次

以前本無於世二字

[illegible]廢絶也[illegible]

乎豹聞之大上有立德 黄帝堯舜 其次

有立功 禹稷 其次有立言 史佚周任臧文仲也

雖久不廢此之謂不朽若夫保姓

受氏以守宗祊 祊廟門也 世不絶祀無

國無之祿之大者不可謂不朽

傳善穆叔

國無之祿之大者也不可言不朽

傳善穆叔之知言也

范宣子為政諸侯之幣

重鄭人病之二月鄭伯如晉子產

寓書於子西以告宣子寓寄也曰子

為晉國四鄰諸侯不聞令德而聞

重幣僑也惑之僑聞君子長國家

重幣僑也惑之僑聞君子長國家

先　新

者非無賄之患而無令名之難夫

在襄

諸侯之賄聚於公室則諸侯貳　貳　離

也　若吾子賴之則晉國貳　賴恃用之也

諸侯貳則晉國壞晉國貳則子之

家壞何沒沒也　沒沒沈滅之言　將焉用賄

夫令名德之輿　德須令名

臧之言
夫令名德之輿　德須令名以遠聞也　德國家
之基也有基無壞無亦是務乎有
德則樂樂則能久詩云樂只君子
邦家之基有令德也夫　詩小雅言君子樂美
其道為邦家之基所以濟令德也　上帝臨女無貳
詩大雅言武王

所以濟令德也

爾心有令名也夫　詩大雅言武王為天所臨不敢

懷貳心所以濟令名也　恕思以明德則令名

載而行之是以遠至邇安毋寧使

人謂子〻實生我　毋〻寧也　而謂子浚

我以生乎　浚取也言取我財以自生也　象有齒

焚斃也婢世反

以焚其身賄也　焚斃也　宣子說乃輕
幣是行也鄭伯朝晉為重幣故且
請伐陳也鄭伯稽首宣子辭子西
相曰以陳國之介恃大國而陵虐
於敝邑　介因也　大國楚也　寡君是以請
罪焉　請得請罪　敢不稽首　為明年

是以請罪焉一本作是以請之罪焉
請盡七井反

焉一本作是以請之罪焉請並七井反徐上請字亦情

國楚也

罪焉請得請罪於陳也敢不贄首為明年鄭入陳

傳孟孝伯侵齊晉故也前年齊伐晉魯為晉報侵也

夏楚子為舟師以伐吳舟師水軍也

不為軍政不設賞罰之差無功而還吳召為下舒鳩起本也

齊侯既伐晉而懼將欲見

楚子使遠啓疆如齊聘且請

本也

楚子使薳啓彊如齊聘且請期請會期也齊人社蒐軍實使客觀之祭社曰閱數軍之器以示薳啓彊也陳文子曰齊將有寇吾聞之兵不戢必取其族戢藏也族類也取其族還自害也秋齊侯聞將有晉

齊人社　齊侯祭社　二字本无

陬側留反又子侯反韋昭音諏　基本或作基　其音一又如字漢書音竹如淳竹音基

族還自宮也[illegible]

師夷儀之師也使陳無宇從薳啓彊如

楚辭且乞師辭有晉師未得相見崔杼帥師

送之遂伐莒侵介根介根莒邑也今城陽黔陬

縣東北計基城是也齊既与莒

平曰只出侵其邑之言無信也會

于夷儀將以伐齊水不克晉合諸侯以報

前年[illegible]門

其廣反其今反如淳音　耿令反

侯以報

前年見伐冬楚子伐鄭以救齊門于東門

次于棘澤以齊無宇乞師故也諸侯還救鄭

夷儀諸侯晉侯使張骼輔躒致楚師求

御于鄭欲得鄭人自御知其地利故也之鄭人卜

宛射犬吉射犬鄭公孫也子大叔戒之曰

言不可与爭

宛射犬吉公孫也子大叔戒之曰

大國之人不可與也言不可与等也欲使早下之也大叔游吉也對曰無有眾寡其上一也言在己上者有常分無大小國之異大叔曰不然部婁無松柏部婁小阜松柏大小木也喻小國異於大國也二子在幄坐射犬于外二子張骼輔躒

幄帳

也　二子在幄坐射犬于外　骼輔躒
於角反
幄帳也　既食而後食之使御廣車而
或本古居
古曠反注同
乘　下字繩證反注反下皆同
行　廣車兵車也　己皆乘乘車　乘車安車　將及
楚師而後從之乘皆踞轉而鼓琴
居慮反　張戀反注及下同一本張齊反
轉衣裝也　近不告而馳之　射犬恨故近敵不告而馳
側良反一本下有衣裝
也　皆取冑於櫜而冑入壘皆下搏
直救反　古毛反　力軌反　音博徐甫各反
人以投收禽挾囚弗待而出

皆取胄於櫜而胄入壘皆下搏
人以投收禽挾囚禽獲也弗待而出
射犬又不待二子也
皆超乘抽弓而射既免
復踞轉而鼓琴曰公孫同乘兄弟
也言同乘義如兄弟也胡再不謀謂不告而馳不待而
出也
對曰曩者志入而已今則怯也
皆笑曰公孫之亟也言其

也

對曰曩者志入而已今則怯也

皆笑曰公孫之亟也 亟急也言其性急不能受屈也

楚子自棘澤還使薳啓彊帥師送陳無宇 傳言齊楚固相結也

吳人為楚舟師之役故 在此年夏 召舒鳩人舒鳩人叛楚 舒鳩楚屬國也召欲與共伐楚也 楚子師干

荒浦舒

叛楚欲與共伐楚也楚子師
荒浦荒浦舒鳩地也使沈尹壽與師祁犂
讓之二子楚大夫也舒鳩子敬逆二子而
告無之且請受盟二子復命王欲
伐之薳子曰不可令尹薳子馮也彼告
不叛且請受盟二子復命王欲伐

之薳子曰不可（令尹薳子馮也）彼告不叛且請受盟而又伐之伐無罪也姑歸息民以待其卒（卒終也）卒而不貳吾又何求若猶叛我無辭有庸乃還（彼無辭我有功也爲明年楚滅舒鳩傳也）陳人復討

穀洛二水也

跂明年斐戲鉏旗傳也

慶氏之黨鉏宜咎出奔楚言宜咎所以稱名也

晉人城郟郟王城也於是穀雒鬪毀王宮齊叛晉欲求媚於天子故為王城之

穆叔如周聘且賀城

王嘉其有禮也賜之大路大路天子所賜之車之惣名也為昭四年叔孫以所賜路葬張本也

晉侯嬖程鄭使佐下軍代欒

鄭行人公孫

未孫以賢舉嬖寵也

程鄭使佐下軍代欒盈也鄭行人公孫

揮如晉聘揮子羽也程鄭問焉曰敢問

降階何由問自降下遐嫁反又如字之道也子羽不能對

歸以語魚據反然明然明鬷子公反蔑也然明曰是將

死矣不然將亡貴而知懼懼而思降

乃得其階階猶下人而已又可問

死矣不然將亡貴而知懼懼而思降
乃得其階階猶道也下人而已又何問
焉言易知也易以豉反且夫既登而求降階者知
人也不在程鄭其有亡釁乎許覲反不然
其有惑疾將死而憂也言鄭本小人爲明年
程鄭卒
張本也

張本也

經二十有五年春齊崔杼帥師伐我北鄙夏五月乙亥齊崔杼弒其君光齊侯雖背盟主未有元道於民故書臣罪崔杼也公會晉侯宋公衛侯鄭伯曹伯莒子邾子滕子薛伯杞伯小邾子。夷儀六月壬子鄭公孫舍之帥師入陳子子滕子薛伯杞伯小邾子于夷儀六月壬子鄭公孫舍之帥師入陳子産之言陳以不義見入故舍之无譏釋例詳之也秋八月己巳諸侯同盟于重丘夷儀之諸侯也重丘齊地己巳七月十二日經誤也公至自會無傳衛侯入于夷儀夷儀本邢地衛滅邢而為衛邑晉懲衛衎共國使衛

[illegible]衛邑晉[illegible]

分之一邑書入者自外而楚屈建

入之辭非國逆之例也

帥師滅舒鳩傳在衛侯入夷儀上經在下從告也冬

鄭公孫夏帥師伐陳陳猶未服也十有

二月吳子遏伐楚門于巢卒遏諸樊也

為巢所臣中殺不書滅者楚人不獲其尸吳以卒告也未同盟而赴

以名

獲其尸吳以卒告也未同盟而赴以名也

傳二十五年春齊崔杼帥師伐我北鄙以報孝伯之師也前年魯使孟孝伯為晉伐齊也

公患之使告于晉孟公綽曰崔子將有大志志在弒君也孟公綽魯大夫也不在病我必速歸何患焉其來也不寇

公綽曾大夫也不

病我必速歸何患焉其來也不寇

不為寇害使民不嚴敬得民心異於他日齊

師徒歸徒空也齊棠公之妻東郭偃

之姊棠公齊棠邑大夫也東郭偃臣崔武子

棠公死偃御武子以弔焉見棠姜

而美之美其使偃取之為己偃

棠公死偃御武子以弔焉見棠姜而美之美其色也使偃取之為己取也偃曰男女辨姓辨別也今君出自丁齊丁公崔杼之祖也臣出自桓齊桓公小白東郭偃之祖也同姜姓故不可昏也武子筮之遇困䷮坎下兌上困也之大過䷛巽下兌上大過也困六三爻變為大

阿崔

史皆占

困也……也困六三爻變
爲大過也
史皆曰吉阿崔子也示陳文子之
之曰夫從風坎爲中男故曰夫也變而爲巽故曰從風
也風隕妻不可娶也風能隕落物者變而隕落
故曰妻不可娶也且其繇曰困于石據于
蒺
蒺藜入于宮不見其妻凶困六三爻辭也
坎爲險爲水之

蔾入于宮不見其妻凶　爻辭也
困于石往不濟　坎為險、為水〻之
險者石不可以動
也
據于蒺蔾所恃傷也　坎為險兌
為澤〻之
生物而險恃者蒺
蔾恃之則傷也
入于其宮不見
其妻凶無所歸也　易曰非所困而
困名必辱非所
據而據身必危既辱且危死其將
至妻其可得見邪今卜昏而遇此
卦六三失位無應則

至妻其可得見邪今卜昏而遇山卦六三失位無應則喪其妻失其所歸也崔子曰嫠也

息浪反　對子　本又作釐力之反寡婦也

何害先夫當之矣寡婦曰嫠言棠公已當此凶也

遂取之莊公通焉驟如崔氏以崔

愁又反　又音徐在邁反

子之冠賜人侍者曰不可公曰不

為崔子其無冠乎言雖不為崔子猶自應有冠

崔子因是曰是又以其間伐晉

崔子因是又以其間伐晉也
因是怨公
間晉之難
而伐之
曰晉必將報欲弑公以
說于晉而不獲間公鞭侍人賈舉
而又近之乃為崔子間公
伺公間
隙也
夏五月莒為且于之役故莒子朝
且于役在二
于齊甲戌饗諸北郭

夏五月莒為且于之役故莒子朝

于齊且于役在二十三年也甲戌饗諸北郭

崔子稱疾不視事欲使公來乙亥公問

崔子問疾遂從姜氏姜氏入于室與

崔子自側戶出公拊楹而歌歌以命姜

侍人賈舉止衆從者而入閉門為崔

子閉公也重言寺

侍人賈舉止衆從者而入閉門　崔子閉公也重言侍人者別下賈舉也　甲興公登臺而請弗許　請免　請盟弗許請自刃於廟弗許　求還廟自殺也　皆曰君之臣杼疾病不能聽命　不能親聽公命　近於公宮　言崔子宮近公宮　陪臣干掫有淫者　淫者詐稱公也

掫側柳反徐又子侯反

淫者詐稱公也
不知二命干掫行夜也言行夜得淫人受崔子命討之不知他命也
公踰牆又射之中股反隊遂弒之賈舉州綽邴師公孫敖封具鐸父襄伊僂堙皆死八子皆齊勇力之臣為公所嬖者也与公共死於崔子之宮
祝佗父祭於高唐有齊

死於崔子之宮　祝佗父祭於高
唐高唐有齊別廟也至復命不說弁而死
於崔氏爵弁祭服也申蒯侍漁者侍漁監取
魚之官退謂其宰曰爾以帑免帑宰之妻
子也我將死其宰曰免是反子之義
也與之皆死反死君之義也崔氏殺鬷蔑
鬷蔑平陰大夫公外嬖也

也[illegible]之義也崔氏殺鬷
蔑于平陰鬷蔑平陰大夫公外嬖也
傳言莊公所養非國士故
其死難皆嬖晏子立於崔氏之門
寵之人也
外聞難而其人曰死乎曰獨吾君
來也
也乎哉吾死也言己与衆臣無異也曰行乎
曰吾罪也乎哉吾亡也自謂无罪曰歸
[illegible]言安可[illegible]

亡曰君死安歸也言安可以歸也此意見下注君民者

豈以陵民社稷是主臣君者豈爲

其口實社稷是養言君不徒居民上臣不徒求祿淺本

皆爲社稷也故君爲社稷死則死之爲干偽反注皆同及下文同

社稷亡則亡之謂以公義死亡若爲己死

而爲己亡非其私暱誰敢任之私

社稷亡則亡之（義死亡）若為已死而為已亡非其私暱誰敢任之（暱女乙反）（任音壬當也）（私暱所親愛也非所親愛无為當其禍也）且人有君而弒（申志反）之吾焉（於虔反下同）得死之而焉得亡之（言已非正卿見待无異於衆臣故不得死其難也）將庸何歸（將用死亡之義何所歸趣也）門啓而入枕（之鴆反注同）尸股（以公尸枕

何所歸趣也門啓而入枕尸股
而哭之以公尸枕已股也興三踊而出人
謂崔子必殺之崔子曰民之望也
舍之得民舍置也盧蒲癸奔晉王何
奔莒二子莊公黨也為二十八年殺慶舍張本也叔孫
宣伯之在齊也宣伯魯叔孫僑如也成十六年奔齊
也叔孫還納其女於靈公嬖生景

宣伯之在齊也成十六年奔齊

也叔孫還納其女於靈公嬖生景

公還齊羣公子也宣伯女於靈公也丁丑崔杼立

而相之慶封為左相盟國人於大

宮大宮大公廟也曰所不與崔慶者晏子

曰所不与崔慶者本或此下有如此盟四字者後人妄加此說讀之此四字或從

仰天歎曰嬰所不唯忠於君利社

稷者是與有如上帝乃歃盟書云

後人妄加
此說讀、此
四字或說
无此四字

仰天歎曰嬰所不唯忠於君利社
稷者是與有如上帝乃歃盟書云所不與
崔慶者有如上帝讀書未終晏
子抄荅易其辭因自歃也辛
巳公與大夫及莒子盟莒子朝齊
遇崔杼作
乱未去故復
与景公盟也大史書曰崔杼弑其
君崔子殺之其弟嗣書而死者二
[illegible]

人　嗣續也并前有三人死也　其弟又書乃舍之

南史氏聞大史盡死執簡以往聞

既書矣乃還　傳言齊有直史崔杼之罪所以聞也　閭

丘嬰以帷縛其妻而載之與申鮮

虞乘而出　二子莊公近臣也　鮮虞推而下

之　下嬰

乘縄證反而出……

之下嬰妻也曰君昏不能匡危不能救

死不能死而知匿其暱匿藏也女力反暱親也女乙反其

誰納之行及弇於檢反又於廉反中將舍弇中狹道嬰曰

崔慶其追我鮮虞曰一與一誰能

懼我言道狹雖衆無所用之也遂舍枕之鳩反轡而

寢……食馬而食駕而行出弇

所用之也遂舍枕轡而
寢挹共馬也食馬而食。駕而行出弇中
謂嬰曰速驅之崔慶之衆不可當
也遂來奔道廣衆得用故不可當也崔氏側莊
公于北郭側瘞埋之不殯於廟丁亥葬諸士
孫之里士孫人姓因名里也死十三日便葬不待五月也
喪車之飾也……蹕上

三日便葬不待五月也

四翣喪車之飾也諸侯六翣也不蹕蹕止行人下車

七乘不以兵甲下車送葬之車也齊舊依上公礼九

乘又有甲兵令

皆降損也晉侯濟自泮泮闕

會于夷儀伐齊以報朝歌之役朝歌

役在二十三年不書伐

齊〻人逆服兵不加也齊人以莊

公說以弒莊公使隰鉏請成

啓〻人逆服與不於也廣

公說以弑莊公說晉也使隰鉏請成慶封

如師也慶封獨使於晉不通諸侯故不書隰鉏隰朋之曾孫也

男女以班賂晉侯以宗器樂器

宗器祭祀之器樂器鍾磬之屬也

自六正三軍之六卿也

五吏三十帥五吏文職也三十帥武職也皆軍卿之屬

俗本卅帥爲卅師非也

官

五吏三十帥武屬也皆軍卿之屬所類反注及下注將帥同

官也

三軍之大夫百官之正長師旅丁丈反注同

百官正長羣有司也師旅小將帥也

及處守者皆有

賂

皆以男女為賂處守守國者也

晉侯許之

晉侯受賂

還不識者隮有喪師自宜退也

使叔向告於諸侯

告隮服也

公使子服惠伯對曰君舍有

服也
罪以靖小國君之惠也寡君聞命
矣晉侯使魏舒宛沒逆衛侯衛獻公也
以十四年奔齊將使衛與之夷儀崔子止
其帑以求五鹿崔杼欲得衛之五鹿故留衛侯妻子於帑以質之也
初陳侯會楚子伐鄭在前年也
隧徑也堙塞

初陳侯會楚子伐鄭　年也

竹坎之也本

當陳隧者井堙木刊　隧徑也堙塞也　刊除也　遂徐又徒猥反下同　堙音因　共十文也

鄭人怨之六月鄭子展子產帥車

七百乘以伐陳宵突陳城　突穿也　遂

入之陳侯扶其大子偃師奔墓　欲逃

塚本作

冢間　也

遇司馬桓子曰載余　陳之司馬　曰

不欲載之以……賈獲

也遇司馬桓子曰載余司馬曰

將巡城不欲載公以巡城辭也遇賈獲賈獲陳大

夫也載其母妻下之而授公車公曰

舍而母辭曰不祥雖急猶不欲男女无別也（彼列反下文同）與

其妻扶其母以奔墓亦免子展命

師無入公宮與子產親御（魚呂反）諸門欲服

之而已故

師無入公宮與子產親御諸門服
之而已禁浸掠也故陳侯使司馬桓子賂以
宗器陳侯免擁社免喪服也擁社抱社主示服也
使其衆男女別而纍以待於朝纍自
囚繫以待命也子展執縶而見見陳侯也再拜
稽首承飲而進獻承飲奉觴也示不失臣敬也
子美子產也但

不共臣敬也

子美入數俘而出子美子産也但數其所獲人數不將以歸也祝祓社司徒致民司馬致節司空致地乃還祓除也節兵符也陳乱故正其衆官脩其所職以安定之乃還也秋七月己巳同盟干重丘齊成故也伐齊而稱同盟以明齊亦

盟于重丘……盟以服齊也
同
盟趙文子為政趙武代范匄也令薄諸侯
之幣而重其禮以重禮待諸侯穆叔見之
謂諸穆叔曰自今以往兵其少弭
矣弭止也齊崔慶新得政將求善於
諸侯武也知楚令尹令尹屈建若敬行

詠使武也知楚令尹屈建若敬行
其禮道之以文辭以靖諸侯兵可
以弭為二十七年晉楚盟于宋傳也楚蔿子馮卒
屈建為令尹屈建子木屈蕩為莫敖代屈
遠也宜十二年邲之役楚有屈蕩
為左廣之右世本屈蕩屈建之祖
文令此屈蕩與之同姓名也
舒鳩人卒叛前年辭不
叛雖城

之同姓名也

舒鳩人卒叛也

楚令尹子木伐之及離城 離城舒鳩城也

吳人救之子木遽以右師先 其據反 先至舒鳩也

子彊息桓子捷子駢子盂帥左師 在接反 蒲賢反又蒲丁反

以退 五人不及子木與吳相遇而退也 吳人居其

間七日 居楚兩軍之間也 子彊曰久將墊 丁念反方言云下也

[illegible]墊隘[illegible]

勢

間七日之間也子彊曰久將墊丁念反方言云下也
隘隘乃禽也不如速戰墊隘慮水雨也請
以其私卒誘之簡師陳以待我簡閲
精兵駐後為陳也我克則進奔則亦視之
視其形勢而救助之乃可以免不然必為吳
禽從之五人以其私卒先擊吳師
吳師奔登山以望見楚師不繼復

禽從之五人以其私卒先擊吳師
〻〻奔登山以望見楚師不繼復
逐之傅諸其軍吳還逐五子至其本軍也簡師
會之吳師大敗遂圍舒鳩舒鳩潰
八月楚滅舒鳩五子既敗吳師遂前及子木共圍滅
舒鳩也
衛獻公入于夷儀為下自夷儀與甯喜
言張[illegible]

也 [illegible] 儀與寧喜

言張本也

鄭子産獻捷于晉 獻入陳之功而不獻其俘

戎服將事 戎服軍旅之衣異於朝服

晉人問陳之罪對曰昔虞閼父為周陶正

以服事我先王 閼父舜之後當周之興閼父為武王陶正之也

我先王頼其利器用也與其

利器用虞之寶器欤

神明之後也 舜聖故謂 [illegible]

之也

我先王賴其利器用也與其

神明之後也舜聖故謂之神明也庸以元女

庸用也元女武王之長女也胡公閼父之子滿也

大姬配胡公而封諸陳以備三恪

周得天下封夏殷二王後又封舜後謂之恪并二王後為三國其禮轉降示敬而已故曰三恪也

則我周之自出至于今是

言陳周之甥

五父佗

三恪也則我周之自出至于今是

賴言陳周之甥至今賴周德桓公之乱蔡人欲

立其出陳桓公鮑卒於是陳乱事在魯桓五年蔡出桓公之

子厲公也[illegible]我先君荘公奉五父而立

之五父也陳佗栢公弟也殺大子免而代之鄭荘公曰就定其位

也蔡人殺之欲立其出故也我又與蔡人

奉戴猶

蔡人殺之出故也我又與蔡人

奉戴厲公 奉戴猶奉事也 至於莊宣皆我

之自立 陳莊公宣公皆厲公子也 夏氏之亂成

公播蕩又我之自入君所知也 播蕩流移失所也宣十一年陳夏徵舒弒靈公ゝゝ之子成公奔晉自晉囙鄭而入也

今陳忘周之大德蔑我大

入也
惠棄我姻親介恃楚衆以馮陵我
敝邑不可億逞億度也逞盡也我是以有
往年之告謂鄭伯稽首之告晉請伐陳也未獲成
命未得伐陳命也則又有我東門之役前年
陳從楚伐鄭東門也當陳隧者井堙木刊敝

鄭東門也當陳隧者井堙木刊

邑大懼不競而恥大姫　上辱大姫之靈也

天誘其衷啓敝邑心　啓開也開道其心故得勝

陳知其罪授手于我用敢獻功晉

人曰何故侵小對曰先王之命唯

罪所在各致其辟　辟誅　且昔天子

方千　方百

罪所在各致其辟　且昔天子
之地一圻方千里也列國一同方百里也自
是以衰衰降也今大國多數圻矣若
無侵小何以至焉晉人曰何故
戎服對曰我先君武莊為平王卿
士也鄭武公莊公為周平王桓王卿士也城濮之役
晉文

□也平王栢王卿士也城濮之役

文公布命曰各復舊職晉文公也命我

文公戎服輔王以授楚捷不敢廢

王命故也城濮役在僖二十八年也士莊伯不

能詰士莊伯士弱也復於趙文子〻〻曰

其辭順犯順不祥乃受之冬十月

子展相鄭伯如晉拜陳之功謝晉

其辤順犯順不祥乃受之冬十月子展相息亮反鄭伯如晉拜陳之功謝晉受其功也子西復伐陳陳及鄭平前雖入陳服之而已故更伐以結成也仲尼曰志有之志古書也言以足志文以足將住反又如字下及注同言足猶成也不言誰知其志言之無文行而不遠雖得行猶

知其志言之無文行而不遠行猶

不能及遠也晉為伯鄭入陳非文辭不

為功慎辭哉樞機之發榮辱之主楚蔿掩為

司馬蔿子馮之子也子木使庀賦庀治數甲

兵閲數之也甲午蔿掩書土田書土地之所宜

度山林待洛反注及下注同度量山林之材以共國用也鳩藪澤鳩聚

也聚成藪澤使民不得焚燎

ヤキく
ヤフルアト

祖入オ下
祖賦

度山林以共國用也　鳩藪澤鳩聚也聚成藪澤使民不得焚燎壞之也欲以備田獵之處也

辨京陵辨別也絕高曰京大阜曰陵別之以為冢墓之地也

表淳鹵淳鹵埆薄之地表異輕其賦稅也

數疆潦疆界有流潦者計數賦其祖入也

規偃豬偃豬下濕之地規度其受水多少也

町原防廣平曰原防隄也隄防間地不得方正如井田別為小頃[illegible]

[illegible]隰皐水崖不[illegible]

六曽曰淳ー薄之地也說文云ー西方鹹也

也田原防間地不得方正如井田
別為小頃町也
牧隰皐隰皐水崖不隰為芻牧之地也
井衍沃衍沃平美之地則如周礼制以為井田也六尺為歩
〻百為畝〻百為夫九夫為井也
量入修賦量九土之所入而治理其賦稅
賦車籍馬籍疏其毛色歳齒以備軍
用也
賦車兵徒卒甲楯之數車兵甲士歩卒
使器杖有[illegible]得

也賦車兵甲士徒卒步卒甲楯之數
使器杖有常數也
既成以授子木礼也　得治
國之礼傳言楚
之所以興也
十二月吳子諸樊
伐楚以報舟師之役　舟師役在二十四年也
門于巢　攻巢門也
巢牛臣曰吳王勇而
輕若啓之將親門　門啓開門也
我獲射之
必殪死

輕若啓之將親門門也我獲射之
必殪殪死是君也死彊其少安從
之吳子門焉牛臣隱於短牆以射
之卒楚子以滅舒鳩賞子木辭曰
先大夫蒍子之功也以與蒍掩往年
楚子將伐舒鳩蒍子馮請退師以
須其叛楚子從之卒獲舒鳩故子
木辭賞以歸

須其叛楚子衍之卒獲舒鳩故子木肆賞以與其子也

晉程鄭卒子產始知然明（前年然明謂程鄭將死今如其言故知之也）問為政焉對曰視民如子見不仁者誅之如鷹（於陵反）鸇（之然反徐又居延反）之逐鳥雀也子產喜以語（魚據反）子大叔且曰他日吾見蔑之面而已（蔑然明）今吾見其心矣子大

謂子大叔曰他日吾見蔑之面而已蔑然明名也令吾見其心矣子大叔問政於子產子產曰政如農功日夜思之思其始而成其終朝夕而行之行無越思思而後行如農之有畔言有次也其過鮮矣衛獻公自夷儀

田次也其選魚矣衛獻公自夷儀

使與甯喜言求國也甯喜許之大叔

文子聞之大叔儀也曰烏呼詩所謂我

躬不說皇恤我後者也甯子可謂

不恤其後矣皇暇也詩小雅言今

我不能自容說何暇

念其後乎謂甯子必身

受禍不得恤其後也將可乎哉

在家

正云圍棊謂之弈

受禍不得恤其後也將可乎哉殆必不可君子之行思其終也思使終可成思其復也思其可復行也書曰愼始而敬終終以不困逸書詩曰夙夜匪解以事一人一人以喩君也今甯子視君不如弈棋弈圍棊也其何以免乎弈者

圍碁謂之弈

不女弈棋其何以免乎弈者

棋也

舉棋不定不勝其耦而況置君而

弗定乎必不免矣九世之卿族一

在襄

舉而滅之可哀也哉甯氏出自衛武公及喜九世也

經五千七百八十五字

春秋卷第十七

經五千七百八十五字

注四千一百二十九字

本奧云

正元二年三月四日以清直講之本加

點了

本奧云本奧云

治承四年十月廿八日重見合家本了　清了

于時在攝州新都　在判

治承五年後二月廿九日授良別駕了

[illegible]

治承五年閏二月十六日授長男進
大外記在判

壽永二年二月一日讀了　在判

合家古本了

件本奧云

保延六年正月廿日重校摺本了　頼―

仁平三年後十二月廿四日卯尅霞

勘了　在判

久壽二年九月八日戌尅見合或本了

建暦三年五月二日以家秘説授仲宣

助教在判

延慶三年五月[illegible]　助教在判
ノ
永久三年三月廿二日授仲光ノ　在判
天福元年八月十七日以家説本授
點了身病相侵心慮無聊矣　直講在判
延慶二年三月廿日以累祖之説授隆
尚ノ　助教在判
右以累代之秘説遂写度之校點了
雖為一字半字不假他人之手皆
之墨點朱點所加自身之功於稿
[illegible]

中點業端ノ者也于時在花洛之
嘉元二年林鐘廿八日
明經得業生清原直隆
文應元年九月廿五日以家秘説奉　在判
授越州使君尊閤了
直講清原教
文永五年九月廿日以外記

文永五年九月廿日〻外言

大夫本一校畢、奥書同

文永六年四月十三日以累

祖之秘訓奉授于越州二郎

才子了

朝請大夫清原（花押）

一交攡了畢　于時寶永己丑孟春
廿四日相當醉醒軒主人桑門修光